A. JACQUESON RELIEUR

Jules TRÉFOUEL

SOUVENIRS

1817-1878

Le livre, c'est l'homme.
VICTOR HUGO.

PARIS

LIBRAIRIE UNIVERSELLE

J. SEPPRÉ, RUE DES ÉCOLES, 60

1883

SOUVENIRS

1817 — 1878

Im^{al}
34363

OUVRAGES DE JULES TRÉFOUËL

Membre titulaire de la Société archéologique d'Eure-et-Loir

J. BROUILLET, éditeur, rue du Pont-de-Lodi, 5.

Pauline, poésies élégiaques. . . . . 1 vol. 2 »
Questions de Philosophie et d'Histoire. 1 vol. 3 »

J. SEPPRÉ, libraire, rue des Écoles, 60.

Souvenirs . . . . 1 vol. 3 »

POUR PARAÎTRE :

ÉTUDES D'HISTOIRE

Georges Castriot, dernier roi d'Abanie et dernier héros de la Macédoine.

Jules TRÉFOUËL

SOUVENIRS

—

1817-1878

> Le livre, c'est l'homme.
> VICTOR HUGO.

PARIS

LIBRAIRIE UNIVERSELLE

J. SEPPRÉ, RUE DES ÉCOLES, 60

—

1883

A monsieur A.-S. MORIN,

*Membre de la Société des gens de Lettres, ancien
Conseiller municipal de Paris,*

Hommage sympathique,

Jules TRÉFOUËL.

Mon cher Jules Tréfouël,

Mon ami,

Tes charmantes poésies portant pour titre *Pauline*, dans lesquelles débordent les joies et les tristesses de ton cœur, ont été lues et relues ; elles ont fait naître en moi, les sensations de l'amour et de la mélancolie que tu ressentais toi-même lorsque nous étions encore tous deux dans cet âge qui ne connaît que le plaisir de vivre pour aimer.

Mon ami, je suis heureux de pouvoir te remercier de n'avoir pas oublié dans tes *souvenirs*, ce petit coin de terre où je suis né, le village d'Oberbrouck, qui a fait modestement son nid, au fond de la riante et pittoresque vallée de Masse-vaux.

Tu te souviens toujours qu'au moment des vacances, une douce amitié ne nous séparait pas ; que toi, pauvre exilé de ta famille, tu venais chez mes bons parents où sous le toit paternel il faisait si bon vivre ; où nous prenions nos ébats dans les vergers qui nous donnaient des fruits en abondance ; dans les champs de vignes qui nous offraient des raisins parfumés que nous allions savourer avec mes sœurs Élise et Nina, sous les voûtes sombres des forêts séculaires des Vosges, et sur les rives des beaux lacs de Sewen et de l'Étoile : c'est alors que nos âmes s'enivraient de poésies ; tu me disais :

> Ne quittons plus ces bois ; car j'aime le silence,
> Ce charme et ces plaisirs de notre existence ;
> Et si, du moins, le sort m'arrache du pays,
> Jurons de nous revoir sur ces bords fleuris.

Ces jours fortunés déjà si éloignés, le temps les a plongés dans le néant ; les nécessités cruelles de la vie nous ont fait avec l'espérance partir jeunes encore, de ces lieux chéris, pour trouver sur notre route, les regrets et la souffrance. Hélas ! l'homme ne peut se contenter du bonheur présent ; sans cesse on est dans l'attente de cet attrait trompeur qui, dans le lointain, nous entraîne comme le papillon éperdu à la clarté d'une flamme.

Nous sommes ainsi faits.

Nous avons jeté avec joie, l'oubli sur ces bois riants, ces frais vallons, cette immense plaine de jardins ; nous avons laissé sans regrets, son vaste horizon où le soleil darde de ses feux, la belle route étincelante du Ballon de Giromany.

> Déjà se sont enfuis les songes de l'enfance,
> Rêves si doux, si purs, de l'âge d'innocence.

Je parle souvent de toi, cher Jules, à mes enfants et à leur bonne mère qui

me donnent toute leur affection : je leur
parle de toi comme d'un frère absent
avec lequel j'ai passé les moments les
plus heureux de ma jeunesse.

Mai 1883.

Constant ZELLER.

Mon cher Constant Zeller,

Mon bon camarade,

Je n'ai pas la prétention de faire ma
biographie, de vouloir me mettre au
rang des hommes célèbres qui ont eu
cette bonne idée ; je dis une bonne idée ;
car c'est par l'étude des actes de la vie
intime, que l'on peut mieux apprécier
l'époque et le peuple où ils ont vécu.
Mon livre restera dans la limite du titre
qui lui convient : *Souvenirs*.

Dès l'âge de huit ans, pensionnaire
dans un collège à trente lieues du Havre,
je pleurais une mère que la mort m'avait
ravie, il y avait un mois à peine.

Cette privation subite de la famille
développa mon caractère indépendant,
sentimental, aimant, que les personnes

amies dans les premières années de mon enfance, répétaient souvent à mes oreilles.

De l'éducation maternelle, franche, raisonnée ou ignorante et fausse, dépend non seulement l'avenir, mais le bonheur de l'enfant.

L'enfant est la nation future : les écoles et les collèges sont les pépinières où se perfectionnent les bons et les mauvais citoyens selon l'enseignement de la vraie morale ou de la superstition.

Le plus jeune des élèves du collège d'Eu, tous les jeudis, exceptionnellement, j'avais la permission de sortir, de fréquenter une société choisie, distinguée, de mœurs honnêtes et agréables. J'aime à me rappeler mon bon camarade Henri de Plémont, dont l'amitié ne m'a jamais fait défaut ; mon ami Rabion, devenu maire de la ville sous le règne de Louis-Philippe, descendu trop tôt dans la tombe ; puis, les nobles familles de Villepois, de Delahupe, d'Arthur de Gromard et de Grammont.

Je faisais, à dix ans, mes réflexions, dans les salons de cette noblesse légitimiste, vivant bourgeoisement et sans morgue, heureuse d'être délivrée des guerres de Napoléon. Mes notes sur ce que j'avais vu et entendu, transcrites le lendemain, étaient déposées au fond d'une malle à défaut d'une armoire.

Profitant de mes premiers loisirs pour mettre en ordre ma bibliothèque, du moins ce qui en restait, durant ma longue absence de la maison paternelle, j'ai retrouvé une partie de mes notes avec leur griffonnage ; la correspondance de mes camarades de classes et mes premiers essais de poésies.

En relatant les principaux événements

de mon temps, je veux montrer mon cœur, ma personne, avec toute la simpli-cité possible.

Dans ces pages dédiées à ceux qui m'ont estimé et aimé, il sera fait men-tion de morale, de littérature, de religion, de philosophie et d'économie politique : je ne suivrai pas l'exemple de l'immortel et amusant Paul de Kock qui n'a pas voulu, dans ses Mémoires, avouer son opinion, parce que ses idées avaient une certaine antipathie pour le progrès et les libertés conquises en 89.

La vie n'est qu'un rêve ; il faut savoir, entre l'amitié et l'amour, l'embellir de fleurs, de chants et de poésies.

Mes regrets seront réservés pour la vaillante Alsace d'où mon fidèle et meil-leur ami Constant Zeller, retenu par l'affection de sa famille et des travaux incessants, me tend les mains avec tris-

tesse ; mais il sait comme moi, que
l'amour de la Patrie, sous la douce
figure de l'espérance, cette flamme vive
et pure qui vient nous consoler, c'est le
souvenir.

Bourg-la-Reine, décembre 1880.

JULES TRÉFOUËL.

SOUVENIRS

CHAPITRE PREMIER.

> J'appris ainsi que la pre-
> mière sagesse est de vouloir
> ce qui est, et de régler son
> cœur sur sa destinée.
>
> JEAN-JACQUES ROUSSEAU.

François Ier, ce roi guerrier, de mœurs dissolues, battu et fait prisonnier à Pavie, en
1525, où, dit la légende, il tua en duel Fernand
Castriot, commandant de la cavalerie alba-
naise, fils unique du dernier héros de la Macédoine; François Ier avait été plus heureux en
l'année 1515, vainqueur à la bataille de Mari-
gnan; c'est à cette date qu'on le voit au bourg

d'Aber (1) nommé Grâce, ordonner au seigneur du Chilou, gouverneur dudit bourg (bourg, nom grec, fort de la frontière), de creuser un port et de bâtir une tour crénelée pour défendre l'entrée aux Anglais, et achever l'œuvre de Louis XII.

Avant cet événement, Grâce avait pris le nom de Havre qu'il devait laisser en 1793, en prenant celui du célèbre Marat, médecin, puis député, assassiné par la jeune Charlotte de Corday d'Armont, alliée par sa mère à la famille de Pierre Corneille.

En l'année 1817, le Havre-de-Grâce n'était qu'une petite ville d'environ 15000 habitants; débarrassée des guerres incessantes et barbares de Napoléon, la génération de cette époque avait connu la grande et malheureuse République qui avait combattu et vaincu avec gloire

(1) Le Aber, nom celtique, embouchure. — Havre, d'origine gauloise, même signification. — Grâce, Notre-Dame des chrétiens, quinzième siècle. — Le Havre dépendait de la vicomté de Montivilliers, nommé Brutus-Villiers en 1793, petite ville de 4000 habitants où une abbesse avait droit de haute justice sur le pays qui s'étendait jusqu'à Yvetot. — Les restes de l'abbaye de Montivilliers, du treizième siècle, sont remarquables.

toutes les armées de l'Europe acharnée contre elle, afin de nous léguer le bienfait de l'égalité.

En 1817, le Havre n'avait plus le nom de Marat ; toute la ville était dans la rue Saint-Michel qui, depuis, reçut le nom de rue de Paris ; ses faubourgs étaient le Perrey et le quartier de Saint-François, nommé ainsi en mémoire de François Ier. Le grand bassin du commerce, le seul pouvant prendre ce nom, était l'œuvre de notre cousin de Lamblardie, ingénieur, le réorganisateur, en 1795, de l'École polytechnique.

Le quartier Saint-François, le plus ancien de la ville, après celui du Perrey, appartenait, en grande partie, à un de nos parents, François Chevalier, le plus riche négociant, capitaine quartenier, qui épousa, en 1751, une demoiselle Blanche Dumont (1). Son fils unique, doué de facultés brillantes de l'esprit, avait contracté mariage avec la petite-fille de Robert Fils, conseiller au parlement de Rouen : ce fils, né dans le luxe et la richesse, perdit en prodigalités,

(1) Une rue du quartier Saint-François porte encore le nom de Chevalier.

l'immense fortune de son père et la dot de sa femme. Pour conserver les débris des biens vendus, payer une partie des dettes, il entreprit plusieurs métiers; on le voit à Bruxelles, maître d'hôtel; plus tard, on le retrouve comédien très applaudi au théâtre de Bordeaux. En 1835, il avait soixante-quinze ans; je l'ai connu à cet âge, sonneur du grand théâtre de sa ville natale; mais c'est l'hospice d'Avranches qui a reçu sa dernière misère, à l'âge de quatre-vingts ans! Sa fille, son élève, Blanche Chevalier, actrice d'un petit théâtre, est décédée dans une maison de santé, à Paris.

La grande place du Théâtre avait reçu le nom de Louis XVI; elle n'était à l'époque dont il est question en ce chapitre, qu'un vaste chantier de bois appartenant au père de ma mère, M. Fouache, chevalier de la Légion d'honneur, marié à mademoiselle Marguerite L'homme, de Manéglise. Les armateurs, les négociants étaient concentrés autour de l'église Notre-Dame de Grâce, du vieux marché et du Palais de Justice : cette partie de la ville offre encore le même aspect.

Au nord du Palais de Justice, monument du dix-huitième siècle, dans une maison appartenant à madame Fils, belle-sœur de ma grand'mère paternelle, j'ai pris ma place en ce monde, le 27 août 1817 (1), l'année de la mort de la baronne de Staël, née Necker, lorsque depuis deux ans, le Havre portait le deuil de l'immortel Bernardin de Saint-Pierre, né dans la rue du Rempart où le soleil ne pouvait pénétrer. L'auteur de *Paul et Virginie*, l'ami de Jean-Jacques Rousseau, était jeté aux gémonies, pendant la Restauration.

Le roi Louis XVIII, ce qui est incroyable, avait interdit la représentation du drame de ce roman plein de sentiment. Le public, exaspéré de cette mesure arbitraire, s'en vengeait sur le directeur. Le théâtre bâti à l'extrémité de la rue Caroline, fut incendié, il n'en resta que les murs: j'avais alors cinq ans; j'assistais avec mes parents, à cette pièce maudite par le clergé.

(1) En 1816 et 1817, les étés furent si chauds, que des courants d'eaux sous-marins du sud de l'Amérique, firent rompre au pôle nord, des montagnes de glace ayant deux lieues de circonférence : la navigation au banc de Terre-Neuve fut interrompue.

Au premier acte, le commissaire vint donner l'ordre de baisser le rideau : le bouleversement, le vacarme furent tels, que je vois encore briser les banquettes du parterre, mettre le feu au rideau, les sabres levés sur ma tête et les balles sifflant à mes oreilles : ma mère était plus effrayée que moi, trop jeune pour comprendre le danger qui nous menaçait. Nous parvînmes à nous réfugier dans un café où, pendant plus d'une heure, on entendit les militaires et la police tirer sur la foule menaçant la force armée.

Mon père, Florentin Tréfouël, né au Havre en 1788, avait un peu de fortune ; sa famille lui avait donné cent mille francs pour ses débuts dans le commerce et à l'occasion de son mariage, en 1815.

Très honnête homme, nullement ambitieux ; car il refusa, en 1832, les fonctions de conseiller municipal et le titre de trésorier de l'émigration polonaise. N'ayant aucune aptitude pour le commerce, n'entendant rien aux affaires ni aux calculs sérieux, il perdit tout ce qu'il avait gagné pendant les premières années de la paix,

en persévérant, malgré les conseils de ses amis,
à faire des pacotilles pour les colonies et les
pays étrangers : il finit par se retirer, ne pos-
sédant plus que l'héritage de son père, rentier,
demeurant rue d'Albanie, où il est décédé
en 1835, à l'âge de quatre-vingt-six ans. Ma
mère, Joséphine Fouache, avait apporté à l'auteur de mes jours, ses dix-huit printemps et un
riche trousseau pour dot ; elle était le douzième
enfant (8 filles et 4 garçons) d'un habile construc-
teur de navires, dont les chantiers sur le Perrey
ont été achetés par un ingénieur, M. Le Normand.

Par mon grand-père, Florent Tréfouël, né
en 1749 à Theil-Nollent, près de Bernay, nous
étions alliés aux descendants des anciens
vicomtes de Montivilliers, des de Beuriot, de
Baunay, de Milleville, de Bruneval, de Bléville,
de Montereau et autres. Ma grand'mère
Fouache, d'une beauté remarquable, dont le
portrait peint par le célèbre Boucher, est à
Chantilly, était la fille d'un riche cultivateur
qui avait acheté les titres et la seigneurie de
Manéglise.

Le village de Manéglise est d'origine celtique ; son nom est composé de deux mots : Mané ou Mannus, nom celtique et de εκ-κλησια, grec (réunion). Mannus était fils de Tuiston ; ce héros devint un Dieu des Celtes et des Germains, ce qui a valu à ces derniers le nom significatif de Ala-Mans (sectateurs de Mannus). Manéglise peut se traduire ainsi : Réunion des sectateurs de Mannus.

Mon nom, Tréfouël, prend son origine en Chaldée, chez les anciens adorateurs des astres et de la lumière ; il est composé de deux mots syriaques Tref, fort, courageux, et houël, lumière féconde : transporté chez les Grecs descendants des Chaldéens et des Aryas, il prend le nom synonyme de Tréphoine (τρεφοιν) (τρεφος), courageux, fort, fécond, nom donné à leur commandant, officier fournisseur des armées. La Bretagne celtique vénère encore sainte Tréphine (τρεφινε) une vierge descendante des Druides (1). Le nom de Tréfouël, venu dans

(1) Dans les *Questions de philosophie et d'histoire*, j'ai déjà expliqué que les habitants de l'Armorique qui parlent la langue celtique, pouvaient apprendre facilement le grec.

les États romains, à la suite des guerres avec les Grecs et les Syriens, reçoit les prénoms bien-aimés des Latins et des Grecs, Florent et Georges : enfin, arrivé avec les Franks, toujours à la suite des guerres interminables, Tréphoïn reprend son ancienne dénomination avec les Celto-Galliques, et sa signification d'origine Tref-houël, toute la lumière féconde ou, selon l'interprétation (le démon du feu). Le nom, malgré les nombreuses pérégrinations, conserve le même sens. A l'époque de Guillaume le Conquérant, on constate aux environs de Bernay et d'Alençon, une famille Tréfouël : dans un acte de mariage de la fin du seizième siècle, le nom est écrit avec deux ff. en caractères romano-gothiques. Mon bisaïeul et les enfants issus de cette fusion du sang des Romains et des Gaulois, avaient le type accentué des Grecs : grand nez, mince et droit, petite bouche, menton prononcé et crâne ovale : les types se reproduisent longtemps après le mélange des races.

La famille Tréfouël, seule de ce nom, établie à Theil-Nollent, était formée de simples culti-

vateurs-propriétaires, alliés à des familles de
Rouen et d'Alençon, ancienne ville romaine.
Georges-Florent Tréfouël épousa, en 1629,
Christine Corneille, fille de l'honorable homme
Guillaume Corneille, seigneur en Orbigny et
autres lieux ; ce Guillaume Corneille était cousin-germain du célèbre Pierre Corneille, le créateur de la tragédie française : *le Cid* (de l'arabe, seigneur), *les Horaces, Cinna, Polyeucte,
Pompée, Rodogune,* etc.

Theil-Nollent, nom saxon, de racine grecque,
peut se traduire ainsi : *Je brûle qui me touche.*
Plusieurs hameaux du département de l'Eure
doivent avoir reçu leur, nom au septième siècle,
d'un prince anglo-saxon qui, poursuivi par les
Danois, trouva un refuge en cet endroit.

Au moment où j'écris ces lignes, mes
recherches sur les origines des habitants de
Theil-Nollent et de Bernay, sont imparfaites.
J'ai l'espoir, à mon prochain voyage, de faire
des découvertes curieuses.

En 1770, Florent Tréfouël, mon grand-père,
laissa l'agriculture pour faire, à Rouen, le commerce de la rouennerie ; ses deux sœurs Flo-

rence et Marie-Marguerite, selon l'habitude du dix-huitième siècle, étaient religieuses cloîtrées, à Lisieux, petite ville dominée et dîmée par deux riches abbayes dont on admire les églises monumentales du douzième siècle; cette ville ne possédait qu'une seule rue, sale, infecte. bâtie sur le penchant d'un coteau très élevé. Florent Tréfouël, d'une intelligence supérieure, instruit, et d'un physique distingué, d'une taille au-dessus de la moyenne, ayant terminé son apprentissage chez des parents, arriva au Havre, afin de réaliser son mariage avec Henriette-Elisabeth, fille de Jacques-Robert Fils, conseiller au parlement de Rouen et procureur du roi, lequel avait hérité des terres et maisons des vicomtes de Bouriot, de Montivilliers.

Tous les Français peuvent prétendre à un quartier de noblesse, comme les citoyens de Rome, maîtres du monde (le peuple-roi). Du Bas-Empire nous est venu et nous le possédons encore, cet usage antique des distinctions honorifiques qui ont contribué avec les religions, à rendre les peuples esclaves du petit nombre.

Mais j'aime par curiosité consulter les généalogies ; c'est l'histoire d'une génération : en faisant une étude patiente et judicieuse, il est possible de reconstruire l'histoire vraie des peuples. Les généalogies bien faites sont rares, on ne les possède en France, que pour quelques familles ayant acquis de grandes propriétés et une certaine célébrité : les Israélites avaient cette bonne habitude ; des familles, en Allemagne, ont des preuves de leurs ancêtres jusqu'au temps de Flavius Josèphe et de Helkias.

J'ai donné sur ma généalogie des indications qui remontent sans interruption au treizième siècle ; elles font connaître des alliances et des titres de noblesse. Pour être de bonne guerre, je dois avouer, comme je l'ai toujours fait hautement, mon opinion politique, à mes concitoyens titrés, blasonnés, afin qu'ils ne se croient pas, à cause du hasard de leur naissance, forcés d'adopter l'égalité réelle. Je suis républicain; mon père avait conservé les idées de liberté de 89, jusqu'à l'âge de 79 ans, époque de sa mort ; quant à ma mère, décédée à vingt-huit ans, j'étais trop jeune, à sept ans, pour comprendre son admiration des gloires de Napoléon ; elle n'a pas laissé la moindre trace dans mon cerveau ; toujours les mêmes motifs d'intérêt l'avaient faite bonapartiste. Napoléon, en venant visiter le Havre, nomma son père chevalier de la Légion d'honneur, pour services rendus à l'État ; son frère aîné, Antoine, était colonel d'artillerie, à trente ans.

Plusieurs membres de ma famille ont été ruinés et sont morts poursuivis par les calamités inévitables de la révolution de 1789, provoquée de longue date. Etait-ce une raison, en présence des malheurs et des privations supportés avec patience, pour me décider à être monarchiste, à l'exemple de tant de gens d'esprit et de science ? Le contraire était plus rationnel : la prodigalité, l'immoralité, la paresse, l'orgueil, la sottise, l'ignorance, le despotisme des princes et de la théocratie, ont fait les horreurs et les massacres de ce changement violent, mais salutaire.

Je ne veux pas attaquer les sentiments honnêtes des personnes qui les conservent de père en fils, à titre de souvenir vénérable et hono-

rable ; mais les monarchistes sont forcés d'a-
vouer qu'ils se trouvent partisans et solidaires
de tous les scandales, de toutes les vexations
subies sous les régimes déchus. Les princes
étaient souvent avertis ; des hommes intègres
leur prédisaient une catastrophe imminente,
terrible : on exilait ces personnes instruites,
franches, prévoyantes, comme Turgot et l'abbé
Grégoire ; on punissait leur hardiesse de parler, de faire des mémoires sur l'inégalité et la
mauvaise répartition des impôts, sur l'abus des
lettres de cachet et de la torture qui faisaient
des pauvres gens un troupeau d'ignorants
corvéables. Les guerres civiles et religieuses,
résultats de ces systèmes machiavéliques, ne
peuvent avoir aucune influence sur les convictions raisonnées des citoyens élevés dans les
principes de l'honneur et de la vérité.

Que l'on soit monarchiste avec une couronne de comte, avec un majorat bien doté, ces
titres achetés ou décernés au mérite par le
chef de l'État, n'autorisent pas les personnes
favorisées, à entraver le progrès ; elles doivent
mettre l'intérêt général avant la reconnaissance

qui les rattache à une légitimité disparue, garantissant la possession des brevets honorifiques des ancêtres ; ce faux jugement est-il une opinion sensée? pour tout dire, c'est de l'égoïsme, de la vanité repoussant avec opiniâtreté le bien-être d'une nation pour garder dans les mêmes familles, la jouissance des hautes fonctions, aux dépens de milliers d'individus d'un grand talent, qui croupissent dans un état misérable faute de pouvoir franchir certaines limites inaccessibles. Aux Etats-Unis, ces hommes eussent été utiles et honorés ; des distinctions funestes et puériles ont fait place à l'égalité civile : désormais, ces dignités seront des documents historiques intéressants à consulter.

Nos mœurs modifiées sans cesse au moyen de l'imprimerie inventée au quinzième siècle, lumière bienfaitrice pénétrant au fond des campagnes, épurées par les découvertes de la science qui supprime les distances, parviendront à vaincre sans secousses, les vieilles idées, les vieilles coutumes maintenues par des gouvernements usés ; ces progrès accomplis, les républicains sincères auront bien mérité des peuples qui posséderont la morale sociale et naturelle dont ils ont perdu les premières notions.

Un grand nombre de citoyens, en France, sont propriétaires de titres achetés très cher pour enrichir le Trésor, depuis le règne de Louis XIV : ces citoyens avaient peut-être raison; car il faut convenir qu'il faut hurler avec les loups et ne pas s'humilier avec les orgueilleux.

Au dix-septième siècle, le peuple disait avec un sourire narquois : Le marquis de Carabas, le vicomte de Riquet à la Houppe ; au dix-huitième siècle, il donnait le nom de Cadet Roussel aux fils cadets de nobles, n'ayant d'autres ressources que de se faire moines ou soldats.

Maintenant que j'ai fait connaître mon opinion, je reviens à mon pays, la Normandie ; le Normand est le souvenir glorieux et courageux d'une noble race; il peut s'arroger le droit et l'honneur d'avoir pour ancêtres des guerriers aussi valeureux, aussi habiles que les Grecs et les Romains. L'armée héroïque composée de Goths, Saxons, Norwégiens, Suédois et Danois, occupait au douzième siècle, les deux tiers de la France, une partie de l'Italie et de la Sicile, la Grèce et quelques pays de l'Asie ; la conquête de l'Angleterre fut le couronnement de ces exploits qui étonnent l'imagination. La Britannia où se réfugièrent les Cymaraëgs et les Aryens, vierge des Romains vainqueurs du monde de l'antiquité, devint avec l'aide des seigneurs normands, un second Etat du duc de Normandie. Guillaume, fils naturel de Robert le Diable, auquel on donna le surnom de Conquérant, après la célèbre bataille d'Hastings où Harold, le prétendant au trône d'Édouard, et cinquante mille Anglais furent tués ; Guillaume, l'enfant de Falaise, est acclamé par ses soldats, roi d'Angleterre (1066).

Vis-à-vis le Havre, à Dives, cette mémorable conquête fut organisée par le duc normand, avec une centaine de vaisseaux construits dans les chantiers des villes de Dieppe et de l'Eure. Sur la place de l'embarquement, on a dédié à ce guerrier, une statue qui rappelle qu'un grand nombre de familles ont des cousins en Angleterre.

L'histoire si intéressante de Normandie me fait oublier l'époque de 1817, l'année bigote ; autres temps, autres mœurs, dit le proverbe ; il a raison contre les conservateurs qui ne peuvent empêcher les idées de changer et le temps de marcher.

Mon père prospérait dans son commerce ; nous avions de l'aisance et il en profita pour faire construire en 1822, une grande maison, dans la rue du Chilou : malgré cette aisance, on nous élevait selon l'usage du dix-huitième siècle, à la merci de la nature, avec moins de soins hygiéniques que les enfants des paysans de 1878 : les fils du duc d'Orléans doivent se rappeler que leur lit était dur et leur repas frugal.

La ville du Havre n'a pas de souvenirs historiques ; elle compte une existence de trois cent soixante-quinze ans ; la plage était habitée par de pauvres pêcheurs logés dans de petites cabanes en bois dont on rencontre encore quelques spécimens ; sa gloire, son illustration valent bien cependant celles des plus anciennes cités de la France. Le Havre est devenu en trois siècles, après avoir subi trois bombardements, 1694, 1759, 1793, notre second port de commerce ; sa littérature a des auteurs célèbres. Georges de Scuderi, né en 1603, membre de l'Académie en 1650, balança quelque temps la réputation de Pierre Corneille. Madeleine de Scuderi, sœur de Georges, née en 1607, est connue par ses poésies et ses romans ; la *Clélie* fit sa renommée ; c'était une libre-penseuse ; elle est décédée célibataire, en 1701. — Bernardin de Saint-Pierre, né en 1737, mort en 1814, fut le second génie de son ami J. J. Rousseau. Casimir Delavigne, né en 1793, mort en 1843, s'est illustré par des poésies classico-romantiques d'une grande valeur. Ancelot, académicien, poète dramatique, vécut de 1794 à 1854. Lesueur, archéologue, né en 1778, mort à Sainte-Adresse, en 1846, fut le premier conservateur du musée du Havre. La comtesse Marie de Lafayette, auteur de *Zaïde*. Le comte d'Houdetot, Léon Buquet et Dousseau, deux poètes d'un mérite réel. — Parmi les artistes, on peut citer Gamin, Yvon, Riou, Léon Charles, etc.

En 1822, le romantisme faisait entendre ses

doux accents autour de mon berceau. Vingt ans avant ma naissance, il pénétrait dans le style des auteurs et dans les idées des hommes instruits.

Chateaubriand n'a pas été l'initiateur du style en révolte avec les règles posées par les littérateurs romains ; cet auteur fécond, d'une plus grande réputation que d'un mérite réel, a acquis sa renommée par la facilité de s'exprimer en public et par ses hautes fonctions dans le gouvernement : boursouflé, mystique, orgueilleux comme son titre de noblesse, ses livres tomberont dans l'oubli. Deux hommes de talent ont corrigé ses œuvres : l'un était son secrétaire ; l'autre, Boissonade helléniste, rédacteur en chef du *Journal des Débats*, né à Paris (1774). Boissonade se plaignait de l'abus que faisait Chateaubriand, de lui faire corriger toutes ses œuvres : « Avec un auteur comme celui-là, disait-il, vain, enflé et glorieux, on est forcé d'être raide. »

Le romantisme avait éprouvé des crises et même des syncopes très graves sous la malédiction des classiques bonapartistes : il se montre enfin plus décidé à poursuivre son chemin avec la sentimentale madame de Staël (1). Le nouveau style n'est pas un autre système d'écrire pour s'affranchir de certaines règles grammaticales de l'Académie. Il y a eu des académiciens et il en existe encore qui ne savent pas l'orthographe de tous les mots (on ne peut discipliner le génie). Les professeurs de la langue française sont seuls capables de se vanter, comme J. J. Rousseau qui n'était pas de l'illustre corporation, de bien connaître le dictionnaire. M. Paul de Cassagnac, l'infaillible grammairien, en a tiré un argument puéril, lors de son procès avec un honorable général de l'armée (2). Il en est de même du langage. Les avocats s'expriment correctement ; mais des hommes très instruits, forcés dans des circonstances excep-

(1) Mademoiselle Necker avait épousé le baron *de Staël* (prononcez Stël), diplomate du gouvernement de Suède, dont elle se sépara à l'amiable.

(2) On a vu des élèves de l'Ecole normale, des professeurs de rhétorique et de philosophie, ne pas avoir la moindre idée de ce que peut être la science grammaticale ; nous pourrions raconter des choses étonnantes à cet égard.

(Journal La Paix, 11 mai 1880.)

2

tionnelles, de parler en public, n'ont pas toujours cet avantage. Casimir Perier, le ministre
de Louis-Philippe, orateur éloquent, faisait des
fautes de français que ses ennemis avaient la
méchanceté de relever afin de jeter la déconsi-
dération sur cet homme éminent. Que faut-il
conclure de ceci ? Les esprits étroits, à courte
vue, sont plus aptes à écrire un mot selon la
règle, à exprimer une idée sans commettre une
faute, que l'homme intelligent, vraiment savant,
concentrant toute son attention sur l'objet de
ses méditations, et non sur le mot.

Le style, manière mobile d'exprimer les pensées, devait nécessairement sauter par-dessus
les limites sacrées de la grammaire ; il était la
conséquence du progrès des sciences qui avaient
été propagées par les encyclopédistes du dix-
huitième siècle, les introducteurs du romantisme;
leur directeur le plus savant était Diderot dont
la célébrité fit battre le cœur de l'impératrice de
Russie. La transition du scepticisme du dix-huitième siècle, à une recrudescence, si je puis
m'exprimer ainsi, des anciennes croyances au
bonheur d'une existence ultérieure, a excité la

passion du sentiment et de l'idéal, cette douce mélancolie d'une vague espérance ; c'est elle qui a fait naître les méditations sublimes de Lamartine, puis, les voix intérieures de Victor Hugo, chantant avec une tristesse religieuse :

> La rose dit : — tombeau sombre,
> De ces pleurs je fais dans l'ombre
> Un parfum d'ambre et de miel.
> La tombe dit : — fleur plaintive,
> De chaque âme qui m'arrive
> Je fais un ange du ciel.
>
> 1837

La publicité devait détruire peu à peu, mais avec certitude, toutes les idées erronées, les vieilles croyances de l'ignorance emmaillottant les peuples devenus misérables beaucoup plus que ne l'étaient leurs ancêtres de l'antiquité. Les dogmes de l'Asie, ces fables arrangées en maximes par les prêtres de l'Égypte, de la Judée et de la Grèce, détruites pendant la courte période de la révolution de 89, revinrent en France avec une force factice, vers l'année 1800 : ce n'était qu'une force factice ; on peut le vérifier. Depuis le règne de Louis XVI, le dogme d'une autre existence, cet oripeau usé, ce vieux drapeau des monarchies, a reçu tous les quinze ou vingt ans, un accroc par la science envahissante, ce qui indique sa destruction certaine. — Pendant les luttes sanglantes de la révolution, l'instruction avait été négligée ; on ne s'occupait avec raison qu'à repousser le despotisme, à délivrer la France, aux prises à l'intérieur avec les royalistes traîtres et ambitieux voulant reprendre à la nation, ce qu'ils devaient perdre pour toujours.

C'est alors que la nouvelle génération exprime par ses écrivains et ses artistes, ces rêveries à un autre monde, ces doutes maladifs pleins d'amertume, ces espérances perdues d'Alfred de Musset. Maurice de Guérin va nous initier à un genre de tristesse littéraire qui n'était connu que de la médecine, sous le nom de *mélancolie* (1).

Une espérance d'un avenir plus humain, que 1789 avait fait briller un moment, ne devait pas être comprise ; l'ignorance était profonde.

Le dix-neuvième siècle emportera dans sa

(1) Mélancolie, du grec μελας, noir et χογη, bile, bile noire.

tombe, le romantique et son adversaire le classique ; ils auront vécu non sans gloire, pour faire place à une génération moins crédule, plus franche, plus raisonnable, comprenant que son bien-être dépend de l'instruction positive et indépendante. L'incertitude, le vague de la pensée, les spiritualistes cramponnés à une immortalité se consoleront en admirant les découvertes des sciences : notre croyance sera plus conforme à notre nature ; elle sera plus réelle et j'ajoute plus intéressante à cet être mystérieux sorti de notre imagination, fuyant dans l'horizon de l'infini auquel l'homme ne saurait atteindre.

On n'entendra plus des hommes instruits ayant acquis une célébrité, répéter et affirmer des mots de convenance qui font croire de leur part, à un triste mépris de la civilisation. Je vais citer pour preuves les réponses de deux hauts fonctionnaires que l'on ne peut taxer d'ignorance.

Au Sénat de l'empire, le maréchal Canrobert interrompt le discours de l'illustre et savant Sainte-Beuve, au sujet de livres que la droite bonapartiste voulait faire retirer des bibliothèques populaires, il s'agissait des œuvres de Voltaire : M. Canrobert s'écrie, plein d'indignation :

— Je crois en Dieu !

Sainte-Beuve réplique :

— Je sais le maréchal très habile au métier des armes ; mais, professeur et écrivain, je sais aussi le mien ; mon devoir est de dire la vérité.

Dans cette même séance, Sainte-Beuve parlait de l'inopportunité d'accorder la liberté de l'enseignement supérieur réclamée par le clergé; le livre de la *Vie de Jésus* était aussi en question ; on voulait supprimer cette œuvre érudite et charmante : M. de Bonnechose, cardinal-sénateur, se lève pour faire comprendre à la haute Assemblée qu'on ne pourra croire les prêtres, dans leurs prédications... Sainte-Beuve répond à son éminent collègue, avec calme et avec esprit :

— J'en suis bien fâché ; mais j'ai autant de sollicitude pour le bien de mes paroissiens qui sont plus nombreux que ceux du diocèse de Rouen ; du reste, les ministres protestants et israélites, pour lesquels monseigneur a le plus grand respect, parlent contre la divinité de Jésus-Christ (1).

Le cardinal, confondu, resta sur sa chaise curule.

Sainte-Beuve ne pouvait admettre la liberté de l'instruction supérieure sous les lois en vigueur, en faveur du clergé catholique ; c'était l'ignorance du moyen âge et la domination des Jésuites : le projet de loi, despotique et clérical, fut rejeté.

Huit ans après cet échec du clergé ultramontain obéissant au mot d'ordre de l'évêque Dupanloup, cette loi sur l'instruction supérieure est adoptée par le gouvernement de Mac-Mahon. On s'est aperçu que l'Assemblée nationale avait fait les affaires des cléricaux ; mais, quand la République du 4 septembre sera gouvernée par des républicains, elle appliquera le remède : la liberté pour tous.

(1) A propos de la *Vie de Jésus*, on a imprimé dans mes *Questions de philosophie*, page 133, le nom de Faust : il faut lire Fauste ; Faustus, né à Rome, écrivait à Constantinople, à la fin du troisième siècle.

Les lois faites dans un but de justice et d'humanité, doivent viser à la liberté de conscience, à l'égalité réelle.

Le chef d'une secte religieuse pouvant affirmer sans crainte, sur la place publique, qu'il existe un Dieu, il faut qu'un autre chef de croyance opposée, ait la même liberté de contredire, de prouver la non-existence de ce Dieu; que la loi permette aux citoyens assemblés librement, d'écrire, de démontrer aux initiés l'exactitude de leurs convictions.

Cette liberté sage d'écrire et de dire sans insulter, existe en Angleterre, en Amérique. Ces peuples sont sous ce rapport, plus heureux que les Français restés sous le joug de l'autorité monarchique et des papalins.

Combien de fois n'ai-je pas entendu des Anglais et des Américains s'exprimer franchement sur notre beau pays de France : « C'est une « bonne nation, de bons habitants ; mais on « n'est pas à l'aise ; ce n'est pas cette grande « existence de Londres et de New-York. On « étouffe chez les Français qui se ressemblent tous « dans leur amabilité, leur générosité et leur

« exquise politesse ; il n'y a pas cet air de liberté
« qui nous donne de l'indépendance, de l'origina-
« lité, de l'énergie, de la fierté. »

En rappelant le fameux discours de Sainte-
Beuve, je ne suis pas sorti de mon sujet ; ce
fin critique romantique et libre-penseur était
mon contemporain en l'année 1817 ; à cette époque, il avait reçu dans son enfance, les mêmes
influences de pénitence et de regrets du passé.
Deux écoles étaient en présence : l'une classique, représentée par les académiciens, l'université et ses vieux professeurs ; l'autre romantique, reconnaissait pour chefs Chateaubriand et madame de Staël ; cette nouvelle école
était composée de la jeunesse à figure pâle,
mélancolique, aux cheveux longs, tombant sur
les épaules comme au temps d'Abélard. Le libre-penseur de Volney venait de disparaître ;
Lamartine et ses chants divins inspiraient le
jeune Victor Hugo qui bientôt ferait oublier la
grande réputation de Chateaubriand auquel il
faut reconnaître du talent, sans être un profond
penseur.

L'Allemagne et l'Angleterre nous devancent

3.

dans ces nouvelles idées : les nations voisines mettent en pratique une partie des droits conquis en 89 : la France reste dans l'ornière. On voyait encore, il y a peu d'années, nos villes gardées par des militaires étrangers ; nos pauvres soldats étaient relégués dans les faubourgs comme des bêtes malfaisantes !

Les hommes se donnent des verges, des prêtres et des princes orgueilleux, afin d'éviter les bienfaits d'une République, sa gloire et son bonheur.

En 1821, l'année de la mort de Napoléon Ier, deuil général des personnes ayant appartenu plus ou moins au militarisme, on commençait à prendre le genre bizarre d'être poitrinaire ; on se plaignait, singulier moyen de se rendre intéressant, d'une maladie de langueur ; les lunettes bleues ou vertes étaient de rigueur dans un salon de bonne compagnie.

Ma mère atteinte de la poitrine, avait eu quatre enfants ; cette épidémie persistante à laquelle on n'a pas encore trouvé de remède efficace, n'a pas épargné ses sept sœurs ; elle n'eut aucune prise sur trois de ses frères. Le colonel est mort de ses blessures, et Eugène, le dernier enfant, est dans sa quatre-vingt-dixième année. Mes grands-parents maternels n'avaient pas ce mal destructeur qui décime l'humanité et même les animaux. Comment expliquer la cause morbide? Elle doit être l'œuvre d'un ferment animé. Le docteur Mackensie et Raspail ont admis ce ferment ou miracrobe, cause essentielle de nos maladies. Les mauvais systèmes, les routines de l'Académie pourraient bien être coupables : l'ignorance de l'hygiène, les remèdes dangereux, les sangsues, les saignées, les exutoires, les purgatifs minéraux, surtout le mercure et l'arsenic ordonnés dans la plus petite indisposition, enfin, les sirops, les pâtes sucrées et le sucre brûlent les poumons des individus les mieux organisés. — La méthode du docteur Broussais avait une grande réputation parmi les personnes étrangères aux sciences de la chimie et de la physique. Broussais, né à Saint-Malo, en sortant du petit séminaire de Dinan, devint officier de santé dans les armées où Bichat le prit en amitié.

J'avais quatre ans : mon père suivant les

conseils et l'ordonnance de son beau-frère Suri-rey, médecin en chef de l'hospice du Havre, nous installa, ma mère et son troisième enfant qui relate ces souvenirs, dans un petit pavillon du village de Sauvie (Saint-Vic), situé sur les hauteurs pittoresques de Sainte-Adresse, près du lieu nommé la Mare aux clercs, non loin de l'Église. Je dois à la mémoire de mon père de reconnaître qu'il fit tous les sacrifices possibles, afin de rétablir la santé de celle qui lui était si dévouée. Ce n'est pas l'air vif, très variable de la falaise luttant sans cesse contre les flots de la mer, qui pouvait opérer une guérison.

Nous avions emmené notre femme de chambre, Cécile, qui m'avait appris à marcher avec le secours de cette sotte invention, la prison à roulette dans laquelle l'enfant devient bossu, en se déplaçant les épaules, ce qui lui donne une difformité et attaque la partie essentielle de la poitrine : cette habitude disparaîtra quand les médecins s'occuperont sérieusement de leur mission et diront aux mères de ne pas forcer les enfants à marcher en leur prenant les bras au moyen de mouchoirs placés sous les aisselles.

Les domestiques avaient la coutume de
s'identifier avec leurs maîtres dont ils prenaient
le nom; les gens de maison plus humbles
avaient des maîtresses plus riches, moins hypocrites, moins capricieuses. J'ai conservé le souvenir de ma bonne Cile qui ne m'a quitté
qu'après le second mariage de mon père. — Je
me rappelle tout le bonheur, tout le charme
que je ressentais aux saisons du printemps et
de l'été, dans cette campagne luxuriante, sous
les yeux vigilants d'une mère adorée : hélas!
bientôt la mort devait me la ravir en me
laissant des regrets incessants. Mon être s'épanouissait au milieu de cette nature vivifiée sous
un soleil ardent, attrayante par ses vallons
d'un aspect si agréable et particulier à la Normandie. Mes autres frères, souvent malades,
restaient sous la garde d'une sœur de ma mère,
madame L'Huillier; nous vivions heureux,
isolés du monde

Notre maison de campagne très simple, avait
sa façade au sud, avec jardin devant; une salle
à manger au rez-de-chaussée servait de salon;
on ne connaissait ni les boudoirs ni les fumoirs,

du moins, dans la bourgeoisie : il y avait
quelques ouvriers qui se permettaient de fumer
au foyer de la famille ou dans la rue. La porte
de la salle où nous prenions nos repas s'ou-
vrait à deux battants sur un enclos rempli de
fleurs de toutes espèces, de roses et d'arbres à
fruits : les oiseaux et les papillons venaient par
centaines donner la vie à ce joli parterre. Je
faisais la chasse aux papillons avec un filet
vert, pendant que ma petite mère, assise sur
un canapé, employait ses journées à lire les
romans de madame Sophie Cottin, à jouer de
la guitare en chantant des romances d'une voix
agréable, pleine de sentiment ; ou bien, elle
brodait avec des perles aux mille couleurs,
occupation à la mode, qui remplissait les caisses
des mercières : on voyait dans toutes les maisons, des tableaux en perles ; un seul m'est
resté : il représente un petit chien carlin sous
un arbre, c'était le fidèle préféré. Un autre
amusement, en cette année, était de découper,
avec adresse, des feuilles de papier blanc, bleu,
rose, pour orner les glaces et les dorures, afin
de les préserver des mouches ; une petite fille,

Elisa Contant, m'avait enseigné avec patience à faire ces découpures artistiques; j'étais devenu très habile.

Continuellement dans le jardin, je m'occupais à former des bouquets pour en parer les cheminées; j'attrapais des papillons; fier de ma belle collection, ces pauvres bestioles! je les faisais souffrir longtemps avec une épingle passée à travers le corps; elles vivaient deux et même trois jours. J'admirais en artiste, la variété de mes lépidoptères que j'étais parvenu à rassembler sur deux grands tableaux; elle est restée assez vivace dans ma mémoire, pour les voir en ce moment et en indiquer les couleurs éclatantes. En tout, j'avais beaucoup d'ardeur comme les enfants de cet âge qui sont sans pitié, sans conscience de la douleur, qu'on ne m'apprenait pas à connaître; la société protectrice des animaux n'existait pas encore. Depuis le règlement salutaire de l'échenillage des arbres, les belles espèces ont disparu. Si ma mère tolérait cet amusement cruel, c'est qu'elle connaissait ma naïve intention. On me parlait rarement de Dieu et de prières, ce qui explique qu'étant d'un naturel moral et peu religieux dans mon enfance, je n'ai jamais été dévot et je refusais de croire au surnaturel.

Je nourrissais des canards, des poules, des pigeons; mon grand plaisir était de conduire mes bons canards barboter dans la mare de la ferme dépendant de notre pavillon. Il me semble les voir, mes petits palmipèdes, avec leur joli plumage, à la tournure gauche; ils me suivaient avec reconnaissance et attachement : la jeunesse des villes se moque de ces volatiles, parce que la nature ne les a pas dotés de ce qu'il faut pour marcher; en revanche, ils savent mieux nager et ont plus d'esprit que les gens qui veulent en avoir au moyen du mépris sur leur air bonasse. Ils me connaissaient et venaient à moi; je les flattais, j'admirais leur bonheur, leur satisfaction, exprimée par ce cri que l'on sait ; quand, deux fois par jour, j'ouvrais la porte de la basse-cour, ils sortaient deux à deux, suivant leur chef, le plus âgé, choisi librement, sans se tromper sur son expérience et sa sagesse; puis se dirigeaient vers le petit lac artificiel où ils plongeaient pour se régaler d'insectes et nettoyer leur habit blanc-azuré. Je n'étais pas content, je pleurais fort, quand ma mère ordonnait à ma bonne Cile d'en tuer pour offrir un dîner convenable à mon père et à ses camarades de chasse.

Ils étaient quatre, très exacts au rendez-vous; leurs personnes me sont présentes. Edouard Laffitte, frère de Jacques Laffitte, le député, mort en 1844, était un petit homme de bonne apparence; en 1830, à la tête de la garde nationale du Havre, il partit pour aider les Parisiens à se délivrer des Bourbons; Alais, maire d'Etretat, riche propriétaire, grand chasseur, grand mangeur; ce bon viveur, après avoir été bonapartiste, devint républicain; homme robuste, d'une haute taille, pouvant engloutir dans son vaste estomac trois repas sans désemparer, il entraînait mon père à des chasses désordonnées pendant huit et quinze jours, au chagrin de ma petite mère, craignant, avec raison, ces absences prolongées; elle redoutait des accidents qui devaient arriver avec un nommé Letellier, troisième camarade, vieux garçon, ancien capitaine de navire. Le quatrième était un Anglais ou un Irlandais, M. Smithz, ancien officier des armées de Napoléon ; la perte d'un œil, dans les batailles, lui avait valu en compensation, le ruban de la Légion d'honneur ; amateur de bonne chère, père de dix enfants, sa passion pour les liqueurs fortes devait le mener à une misère certaine.

Ma mère était souvent seule : sans être jalouse, elle se plaignait devant moi de ces absences fréquentes. Elle n'avait pas épousé mon père par amour ; mais cela convenait à ses parents. A dix-sept ans, à cet âge sans expérience, son cœur eût préféré M. Ferrand, négociant notable, au Havre ; cependant, entièrement dévouée à son mari, quatre enfants prirent naissance dans les cinq premières années de cette union qui promettait une nombreuse postérité.

On éprouvait peu de sympathie pour M. Smithz : sur les instances de madame Smithz, je fus le parrain de son onzième enfant : cette blonde Anglaise avait apporté une belle dot dans ce ménage d'une dépense plus forte que la

recette : on nomma l'enfant à la chapelle pro-
testante d'Ingouville.

Parmi les personnes intimement liées, à ma
famille, je ne dois pas oublier M. L'Huillier, le
mari de Sophie Fouache, notre tante qui, bonne
et laide, ne cessa de prodiguer à ma mère des
soins jusqu'à sa mort. Il y avait bien aussi
M. de Joinville, notre parent par alliance ; mais
il avait l'air si grave en prisant son tabac, toutes
les cinq minutes, que mon attention ne s'arrê-
tait **pas** à ses paroles sentencieuses ; il avait
soixante-dix ans et une fille unique mariée à
l'âge de vingt ans, en 1838, à un riche armateur
du Havre, Mathurin Cor.

Etait-ce pour un motif de reconnaissance que
ma mère préférait mon oncle L'Huillier aux
amis assidus de la maison ? je ne le crois pas ;
cette amitié particulière était due plutôt à sa
personne qui présentait un certain cachet de
distinction et d'artiste. Né aux environs de
Saint-Malo, c'était un petit homme toujours
remuant ; figure très expressive, cheveux
noirs frisés, une intelligence ornée de tous les
talents qui plaisent aux femmes sensibles ;

causeur spirituel, non sur les mots, mais sur les choses ; peintre dans tous les genres, excellent musicien. En 1822, il organisait des concerts au Havre et à Montivilliers : ma mère en faisait partie avec sa guitare. Ce diable d'homme composait de la musique, jouait de tous les instruments ; je me rappelle quelques-unes de ses romances en vogue, *Fleurs des champs ; la Rose,* etc. ; il n'était pas riche ; un artiste ne connaît que la gloire et..... l'amour, comme son contemporain Hippolyte Monpou, le compositeur de l'*Andalouse,* d'Alfred de Musset. Fort guitariste, le violoncelle, sous son habile archet, rendait des sons remplis de mélodie ; ses concerts d'amateurs attiraient les musiciens du département. L'Huillier essayait de faire apprendre la musique à l'auteur de mes jours ; la grande clarinette ne produisait qu'un bruit agaçant ; quand mon père voulait commencer l'air de la reine Hortense ou de la *Marseillaise,* ses chiens hurlaient de manière à interrompre ses études.

L'artiste, mon oncle, avait peint deux jolis portraits de ma mère : l'un était de face jusqu'au buste ; l'autre la représentait assise dans un fauteuil, un petit chien de la race des carlins à ses pieds, sur un coussin.

Ce que je viens de raconter brièvement peut expliquer les assiduités innocentes d'une part comme de l'autre (cela arrive souvent); ces assiduités excitèrent l'attention de mon père, bien à tort, il est vrai; mais les apparences firent aller les méchantes langues; l'on cessa de se voir. Ma tante L'Huillier resta seule à notre domicile.

Les traits masculins, anguleux de Sophie, avaient un peu de ressemblance avec ceux de mon père; elle rachetait par un caractère doux, prévenant, accommodant, ces contours trop accentués désignés sous le nom, accident de la nature. Ces petits incidents de famille font comprendre pour quel motif la tante si peu dotée par la déesse de la beauté, est restée dix ans dans la maison, soit au Havre, soit à Sauvie ou à Montivilliers, auquel on avait ôté le nom de Brutus Villiers, dont les habitants ont conservé, depuis l'époque de la féodalité, l'épithète de *mangeurs d'oreilles*. Les jeunes gens d'Harfleur et de Montivilliers se battaient sur la route, aux bords de la Lezarde (petite rivière) à coups de pierres, comme le font actuellement les Alsaciens, les Bretons et les Anglais du pays de Galles; les vainqueurs se permettaient des actes de barbarie, en coupant une oreille aux blessés tombés sur le champ de bataille.

L'Huillier eût été peut-être pour ma mère un mari aimable, accompli; la tante Sophie était la femme qui aurait pu convenir à mon père. Depuis 1816, le divorce était aboli; je suis persuadé que si on l'eût conservé dans notre code civil, les quatre conjoints ne se seraient pas disjoints. Ma mère, je l'ai relaté plus loin, avait sinon de l'amour, du moins une affection réelle. Madame L'Huillier avait de l'amour pour son mari qui, tout en la charmant par ses talents attrayants, savait trouver un prétexte pour être toujours absent du domicile conjugal.

Je tiens à le répéter : pour des raisons de convenance seulement, mon oncle l'artiste ne venait pas à notre délicieuse maison de campagne. Dans ces premières années de l'enfance je me rendais compte des sensations que j'éprouvais au milieu des champs de blé doré, des trèfles roses, du chanvre jaune-orange, du lin ondoyant, vert d'émeraude, et de notre jardin, paradis des oiseaux ; ces impressions réfléchies ordinairement vers l'âge de douze ans, je les percevais beaucoup plus tôt, parce que je suis né avec une aptitude particulière pour l'observation ; cette aptitude naturelle m'a donné, dès le premier instant, un caractère curieux et studieux. A l'âge d'un an ou quinze mois, j'avais connaissance de moi-même ; j'avais assez de ma petite expérience précoce pour me voir apprendre à marcher entre ma mère et ma bonne Cile ; elles se jetaient de l'une à l'autre, sur un tapis, une poupée qui était ma joie ; c'est peut-être cette circonstance de l'éducation qui m'a fait avoir jusqu'à l'âge de huit ans, une prédilection pour les poupées et les petites filles.

Je mentionne ces premiers effets produits sur mon enfance ; car il est très rare de rencontrer des personnes ayant acquis un souvenir avant trois ans ; il en est plus qui se rappellent l'âge de six ans.

A cinq ans, je ressentais déjà ce charme enchanteur, ce bien-être inexprimable et paisible que l'on éprouve à la vue d'une belle nature dont on jouit avec passion, à l'âge de vingt ans, lorsqu'on est en possession d'une forte santé, de toutes ses facultés. Je subissais les sensations modifiées au fur et à mesure que l'homme vieillit. L'enfant possède ce plaisir naïf qu'il croit éternel ; ignorant le passé, l'avenir est trop loin pour lui être connu.

L'enfant est au présent ; ses yeux, le matin, s'ouvrent en souriant au soleil qui va lui offrir une longue journée de plaisirs, au milieu de ses jeux animés ; aux fleurs qui s'épanouissent sous cette chaleur, source de la vie et de l'amour ; aux amours folâtres des papillons qui semblent passer sous son regard étonné, pour faire admirer leur parure ; au doux ramage des petits oiseaux. Mais ce que je préférais à ces joies d'enfant, ce que je savourais avec une vive affection, avec délices, c'étaient les tendres baisers d'une mère, ses baisers accompagnés de larmes ruisselantes sur son sein, sur mes joues, qui pénétraient mon cœur de ce doux sentiment, l'amour maternel !... Qu'il est triste l'avenir des enfants qui ont été privés comme moi, à l'âge de huit ans, de ce suave dévouement, au moment où toutes les difficultés de la vie vont commencer.

CHAPITRE DEUXIÈME

Nous étions à la fin de l'automne de 1821,
cette saison rêveuse et joyeuse qui se présente
les mains pleines de vie et de richesses : chacun, en profitant de son abondance, sait que
dans quelques jours, l'hiver doit venir avec son
linceul de neige, faire frissonner la nature et la
condamner à dormir jusqu'au réveil du printemps. Les derniers mois de cette année étaient
sous l'impression diversement ressentie de la
mort de Napoléon ; l'infatigable et impérieux
guerrier avait profité du génie de ses lieute-
nants pour vaincre l'Europe, en laissant la
France malheureuse aux mains des étrangers.
A la date du 5 mai, le despote égoïste avait
succombé à une maladie de poitrine dont il souf-
frait depuis plusieurs années. Cette époque de
transition de la folie guerrière à la folie cléricale,
avait attiré mon attention ; la cause en était
puérile naturellement ; les uniformes rouges

des soldats suisses et des régiments anglais
montant la garde au Palais de Justice, en face
notre maison, étaient l'objet de ma curiosité.
Pendant ces jours de dévotion, la comtesse
d'Hautpoul, l'amie de la baronne de Staël, qui
avait connu Jean-Jacques Rousseau, dédie à
l'âge de soixante ans, ses poésies de jeunesse
au vieux roi Louis XVIII, prenant plaisir,
dans ses dernières années, au sein des amours
folâtres, d'oublier 1789. Ce livre de 300 pages
n'offre au lecteur qu'un style classique et très
médiocre. — Par compensation à ces sottises,
les Norwégiens, hommes laborieux, énergiques,
indépendants et probes, abolissent les titres de
noblesse et ses privilèges.

J'ai cité ces évènements significatifs, à leur
date; il est bon d'avoir toujours présents ces
souvenirs malheureux. Je vois encore la tristesse de ma bonne petite mère, un peu bonapartiste; sa santé était mauvaise; son tempérament robuste résistait aux soins homicides,
selon la formule, de son beau-frère Sirurey.

Ce n'étaient que sangsues, saignées et purgatifs réitérés : pour activer ce régime insensé,

on prescrivait des anesthésistes; on aspirait de l'éther (acide sulfurique), au moyen d'un long tube en cristal, plongé dans un vase d'eau ; ces remèdes ignorés des médecins de l'antiquité, étaient adoptés par le docteur Broussais, l'ennemi des épices, des aromates. Le fournisseur de ce médecin célèbre existe encore; il me racontait à ce propos, que Broussais se vantait de n'avoir jamais eu un grain de poivre sur sa table : il est probable que sa cuisinière, moins systématique, faisait la fraude pour lui servir ses sauces.

La science médicale, au commencement du dix-neuvième siècle, était du charlatanisme; elle ne savait pas guérir; aucun progrès depuis le prophète Isaïe (700 ans) et le savant Hippocrate (500 ans). Le traitement d'un simple rhume inoculait au patient une maladie de poitrine et hâtait une mort certaine. Ce mal qui n'est pas toujours incurable, provient d'un sang vicié par les parents ou de l'abus du régime de l'individu, ayant pour résultat des ulcérations aux poumons ou dans les bronches, plus souvent des piqûres d'helminthes qui pul-

lulent dans les intestins; mais les remèdes cor-
rosifs que l'on prodigue dans toutes les drogues
et dans les comestibles, sont une des principales causes de cette maladie.

Les médicaments étaient préparés avec de
l'arsenic et du mercure à l'état rudimentaire,
sans danger, affirmaient les médecins; on en
mettait dans toutes les pommades; pour les
cheveux, les blessures, les rhumatismes, les
maux d'yeux, etc. Ma longue chevelure était
papillotée; ma mère, fière de mes beaux cheveux, s'inquiétait d'un petit bouton provenant
d'une irritation produite par les sucreries, les
chocolats et les fréquentations du théâtre; vite,
on me graissait avec ces drogues empoison-
nées; les soins maternels me brûlaient les yeux
et déterminèrent une calvitie vers l'âge de
trente-cinq ans.

Dans les premiers jours de novembre 1822,
mes parents m'emmenèrent à Paris, chez un
de mes oncles, Antoine Fouache, colonel d'artillerie de l'empire, sans retraite et sans fortune;
il n'avait pas voulu servir sous les Bourbons.

La fidélité est une vertu très estimable, très

honorable ; mais quand on a femme et enfants, il est permis de rester au service de la France, sans qu'il y ait le moindre déshonneur.

Nous demeurions rue Saint-Antoine, près de la Place Royale, maintenant place des Vosges. Je voyais le gros roi Louis XVIII traversant les boulevards dans son carrosse doré, assis au milieu de deux jeunes femmes.

Plusieurs faits s'accomplissaient et devaient avertir le roi: l'habitude héréditaire lui conseilla après vingt ans d'expériences malheureuses, de revenir aux vieilles idées monarchiques.

La Grèce aidée par les Allemands et les An-glais se révolte contre le despotisme des Turcs. Le célèbre littérateur Lord Byron meurt en combattant pour la liberté, dans le beau pays de la poésie.

Les protestants allemands fêtent l'anniver-saire de la réforme et brûlent sur la place publique, le traité de la Sainte Alliance.

La noblesse française, protectrice des Lettres au dix-huitième siècle, croit avoir réussi, avoir bien fait, en supprimant les œuvres de Voltaire et de Jean-Jacques Rousseau.

L'armée française va en Espagne rétablir l'horrible inquisition et la torture; l'Autriche, siège du saint empire romain, expulse les jésuites qui se réfugient en France.

Maine de Biran, stoïcien, devient, sous l'influence du cléricalisme, un partisan dévoué du libre-arbitre et finit par être le croyant à une divinité capricieuse.

Peu de temps après, Paul-Louis Courier, de Tours, est condamné à deux mois de prison; il avait écrit que les rois François Ier et Louis XIV n'avaient pas craint d'outrager la morale des peuples!... Cette admonestation sincère devait déplaire à Louis XVIII qui suivait l'exemple de ses ancêtres.

Enfin, il faudrait écrire un gros volume pour citer les actes stupides des Bourbons; les amis de Guizot et de Louis XVIII font effacer du code civil la loi du divorce; les députés complaisants ont mérité dans l'histoire le nom d'idiots (voir les œuvres de J. Tissot, professeur de philosophie, à Dijon).

Les avis donnés par le peuple aux souverains de l'Europe, furent inutiles : le roi ne s'occupait que de ses amours, de bien manger, d'aller voir le Diorama installé à grands frais sur le boulevard Bonne-Nouvelle.

Cette exhibition qu'on appelait une merveille, faisait du bruit, attirait les étrangers. J'avais visité, avec mes parents, tous les théâtres ; nous ne quittâmes pas la capitale sans être satisfaits de cette curiosité : on décida d'y aller après le dîner. Un tableau représentait un port de mer ; un autre, l'intérieur d'une vieille église, monument gothique où des religieuses étaient agenouillées ; des araignées peu dévotes grim· paient sur des portraits de saints poudreux. Pendant cette représentation assez réussie, qui ne me paraissait pas attrayante, une paysanne avec une grande coiffe, entre, s'assied près de moi (il n'y avait pas vingt personnes dans la salle), puis, voyant l'église et entendant le son des orgues, se mit à genoux en se signant : l'habitude est une seconde nature.

Avant de quitter Paris, nous allâmes à Versailles et à Saint-Germain ; il pleuvait sans cesse ; nous ne pûmes voir que l'intérieur des châteaux : l'escalier monumental et la chapelle du palais de Versailles frappèrent mes yeux, les oubliettes de Saint-Germain me firent frissonner.

Nous avions épuisé tous les plaisirs honnêtes et bourgeois de la capitale qui, à cette époque, n'étaient pas aussi variés qu'en 1877; les rues étaient étroites, mal pavées, mal éclairées; on ne connaissait pas la lumière du gaz; nous revînmes au Havre.

L'hiver commençait à se faire sentir; j'étais heureux de retrouver la maison paternelle et la tante L'Huillier, toujours fidèle au domicile, lorsqu'une invitation nous fit partir aussitôt pour Harfleur qui, au onzième siècle, eut l'honneur de posséder un duc de Normandie, Guillaume le Conquérant. Nous allâmes chez M. Le Vallois, veuf, ancien receveur des finances : ce notable de la petite ville était l'heureux père de trois aimables filles très désireuses de se marier; ma mère était leur confidente. Les trois demoiselles venaient au Havre un jour de chaque semaine, pour nous voir; sachant que j'étais l'enfant préféré, nécessairement leurs petites attentions, leurs câlineries m'étaient réservées; elles me couvraient de tendres baisers; j'avoue que je trouvais ces caresses bien agréables.

L'aînée avait nom Virginie, la bonté, la douceur même; mais, ce qui arrive souvent, la moins jolie; difforme, sa jeunesse, sa figure gracieuse faisaient oublier ce défaut de la nature : elle remplaçait sa mère et soignait avec bonheur son vieux père; ces qualités, ce dévouement ne furent pas récompensés. Après avoir fermé les yeux à M. Le Vallois, son mariage, approuvé par son père, fut rompu : dans un moment de délire, elle termina son existence à l'âge de vingt-six ans, en se jetant par la fenêtre.

La sœur cadette, Amanda, avec ses dix-huit printemps, était une belle grande fille, aux allures romanesques et prétentieuses; sa figure mélancolique, ses traits réguliers faisaient éprouver le sentiment de l'amour, qui brillait dans ses beaux yeux, fendus comme le fruit dont elle avait reçu le doux nom (1); sa pâleur cadrait avec une peau très blanche : quelle pose

(1) Amanda, du latin, qui doit être aimée.

langoureuse en prenant sa harpe !... je l'entends
préluder à sa romance favorite :

Plaisir d'aimer, plaisir d'une âme tendre.

Cette romance faite pour couler au cœur les
plus délicieuses sensations, était suivie d'une
autre bien connue :

Fleuve du Tage...

Forte musicienne, elle jouait de jolies valses
sur la harpe et la guitare, instruments si gra-
cieux dans les mains d'une femme : en 1822, le
piano ou l'épinette était rare ; il est parvenu à
se mettre à la place des instruments à cordes ;
c'est un beau meuble dans un salon, faisant
beaucoup de bruit ; mais l'amateur de musique
qui entend le tapotement des doigts, regrette
la harpe dont les sons harmonieux sont allés
se réfugier en Angleterre et en Amérique où
les dames ont la fidélité des temps héroïques.

Amanda avait trouvé dans son cousin Lepage
un chanteur et un admirateur de ses charmes.
La sentimentale jeune fille attendait avec impatience la décision de son amant ; ce cher cousin,
certain d'être aimé de sa cousine qui versait en

son absence des larmes d'amour, avait toujours un prétexte pour éloigner le jour du mariage qui n'arriva pas; deux ans après notre visite de huit jours (lorsque nous allions à Harfleur, nous restions une semaine), il fut tué dans un accident de chasse, sur les hauteurs d'Orcher, propriété des ducs de Mortemart. La pauvre Amanda pleura son futur; son chagrin se prolongeait; au moment où elle jurait sur sa tombe de ne pas se marier, un capitaine d'infanterie, M. Lardenois, lui apparut sous les traits du dieu Mars, comme un consolateur, pour lui faire oublier, au moyen de ses séduisantes épaulettes d'or, tous ses serments d'amour. Hélas! les épaulettes d'or et l'épée ne font pas le bonheur d'une femme. Les trois demoiselles Le Vallois avaient 25,000 francs de dot et la succession de leur père, évaluée à 6000 francs de rentes. Après le mariage, on était allé rejoindre le régiment à Bordeaux. Cette union ne tarda pas à lui faire regretter son cousin : la séparation judiciaire fut acceptée; pour quel motif? elle ne voulut pas me le dire; mais le chagrin qui détruisait rapidement sa beauté, le silence digne sur les affaires de son malheureux mariage, indiquaient assez que le capitaine avait excité sa jalousie. Elvire, sa petite fille, déjà musicienne, mourut à l'âge de huit ans. Dès lors, seule, ne voulant voir personne, la tombe s'est ouverte ; elle n'avait que trente-six ans : son cœur était malade d'amour..... pour son cousin Lepage.

Herminia, sa petite sœur, avait quinze ans ; c'était une jeune fille folâtre, jolie brunette ; sa peau nuancée de noir aurait pu faire croire qu'elle avait pris naissance en Afrique ; sa luxuriante chevelure frisée naturellement souvent en désordre, cadrait bien avec des yeux noirs lançant des éclairs ; ajoutez à cette figure expressive, un nez à la Roxelane très provoquant, vous aurez le portrait de cette aimable enfant d'une gaieté franche, sans souci. Nous nous amusions à la poupée, mieux que cela, elle faisait de ma petite personne une poupée vivante ; elle m'habillait en bergère, en troubadour, en amour : tous les jours ma chère Herminia me fabriquait un nouveau costume : je l'aimais comme un enfant peut aimer ; plus que

je ne l'avais ressenti avec mes autres petites
amies. Que de pleurs en quittant cette joyeuse
jeune fille ; j'étais inconsolable : ma mère avait
pris en grande amitié ces trois gracieuses personnes.

Je n'ai jamais oublié un singulier caprice de
mon enfance, dans cette honorable famille : nous
étions allés dîner chez M. Le Vallois ; c'était
sa fête ; il y avait beaucoup d'invités. A dix
heures du soir, on était encore à table ; le
temps mauvais ; une pluie d'orage ne ces-
sait de frapper contre les vitres ; l'hiver de
1822 commençait à se faire sentir : M. Le Vallois ne voulut pas nous laisser partir et invitait
mes parents à rester jusqu'au lendemain ; mais
une idée incompréhensible me faisait désirer de
retourner au Havre ; je versais des larmes ; je
jetais des cris étourdissants ; les bonbons et les
caresses d'Herminia ne parvenaient pas à m'a-
paiser. Ma bonne mère eut l'inspiration de
dire :

— Eh bien, tu iras te coucher avec ton amie
Herminia.

Je consentis immédiatement. Exprimer

quelle nuit délicieuse j'ai passée dans les bras de cette charmante enfant, cela me serait impossible; je n'avais que six ans; c'était ma première nuit d'amour éclos dans la fraîcheur de l'innocence.

Ma jeune amie s'est mariée comme sa sœur Amanda, avec un capitaine d'infanterie; elle est allée habiter Marseille où, j'aime à le croire, son sort a été plus heureux que celui de ses deux sœurs.

J'ai hasardé, en écrivant ces souvenirs, le mot d'amour à l'âge de six ans : la sensation qu'éprouvait mon cœur auprès de cette amie de mes jeux, pouvait bien être un premier aiguillon. Dans ces premières années si heureuses de mon enfance, j'éprouvais le même sentiment pour une veuve, notre consine, qui avait épousé le frère de M. Lepage, tué par maladresse, en chassant.

Madame Lepage était plus grande et plus fluette que ma mère dont la figure blanche et rose n'avait pas cette pâleur et ces attraits passionnés que je remarquais dans cette femme de vingt-cinq ans. Quand elle faisait le voyage de

Lillebonne au Havre, elle restait une semaine ;
nous avions une chambre d'amis au troisième
étage. Je cherchais tous les prétextes que mon
imagination enfantine pouvait inventer pour
entrer dans cette chambre bienheureuse ; je
frappais à la porte en tremblant ; je sentais
tout mon être frissonner ; quel plaisir de recevoir son doux baiser en l'éveillant pour son déjeuner, une heure avant qu'il ne soit préparé...
je la voyais en déshabillé ; mais en ce moment
délicieux, pouvais-je raisonner que ses caresses
m'étaient aussi agréables que les suaves étrein-
tes de ma mère que j'aimais autant qu'elle avait
d'amour pour moi ?

Quelques vingt ans après, je fis une visite,
dans une petite maison de campagne, à la veuve
Lepage devenue depuis longtemps madame
Guéroult : elle avait épousé un rentier des environs de Rouen, beaucoup plus âgé, très honnête homme, d'un physique agréable et distingué. Madame Guéroult était transformée en
une grosse paysanne à la peau basanée ; sa figure blanche et délicate de vingt-cinq ans, était
tellement changée avec l'âge et son séjour aux

champs, que je ne pouvais reconnaître la femme ravissante de mes impressions d'enfance.

Dans une promenade champêtre que nous fîmes avec son mari et ses fils, nous étions sur les bords fleuris de la Seine, chantés au dix-septième siècle, par la sentimentale et belle madame Deshoulières, entre Lillebonne et Caudebec où la nature se montre prodigue de sa merveilleuse fécondité et de ses sites enchanteurs : j'avais vingt-cinq ans ; c'était la première fois, après l'âge de six ans, que je rencontrais ma charmeuse. Nous étions arrivés au détour d'un sentier, loin de son mari ; elle me dit :

— M. Guéroult est très jaloux ; il faut prendre garde surtout de ne pas rester seul avec moi.

Ces paroles singulières me rappelèrent les émotions si douces de mon cœur naissant, que je n'éprouvais plus devant cette femme matérielle, affectant pour se rendre intéressante, de la pruderie et de la dévotion. Je ne pouvais croire à ce souvenir de mes petites assiduités ; mais j'ai laissé ce mystère dans l'ombre, afin de mieux garder mes innocentes illusions.

Chères illusions de la jeunesse ! gardons-les

jusqu'à la tombe, c'est le moyen de vivre heureux et sans ambition.

Ce petit roman de mes premières années, que je viens de raconter, avait pour date 1823 : on ne s'occupait que de la guerre d'Espagne, de cette pauvre et valeureuse nation toujours sous les griffes douloureuses du clergé et de la noblesse. Mon attention fut attirée sur cette funeste entreprise par un ami qui m'a aimé et estimé jusqu'à son extrême vieillesse; cet ami était notre locataire du second étage, M. Le Marcy, capitaine du génie, demeurant avec sa mère à laquelle il donnait le nom de Babet. — Il avait bien trente-cinq ans; grand, bel homme, figure martiale annonçant la santé et la force; officier de la Légion d'honneur en récompense de plusieurs blessures reçues pendant les guerres de l'empire. M. Le Marcy profitait des fêtes de l'année, pour venir nous voir et ne manquait pas à cette occasion, de m'apporter des jouets, des bonbons ; mais un jour qui n'était pas fête, il m'offrit un tambour, un véritable tambour contenant des sucreries et des jeux de toutes sortes, en me disant :

— Je vais en Espagne ; tu ne me reverras peut-être d'ici longtemps.

Je lui demandai ce que c'était l'Espagne. Sans me répondre, je le vis entrer chez mes parents. Sa tristesse, son air peu content et son silence me firent verser des larmes ; car je l'aimais à cause de sa bonté et de sa simplicité, bien plus que pour les friandises que j'avais l'habitude de recevoir et de conserver sans les manger ; je n'étais pas gourmand et n'ai jamais eu ce défaut.

M. Le Marcy n'avait pour toute fortune que son épée : la mort l'épargna en Espagne. A la suite d'aventures un peu romanesques, marié avec une riche héritière de 30,000 francs de rentes, je l'ai vu, dans cette nouvelle position inespérée, conserver ses belles qualités jusqu'à son décès, vers 1850. Heureux de mes rares visites, j'avais de cet homme brave et généreux, les services et les conseils que je désirais.

La guerre d'Espagne dura une année ; dirigée par le duc d'Angoulême, elle coûta à la France quatre ou cinq millions, des milliers d'hommes massacrés, qui ont rétabli, sans le savoir, l'ignoble inquisition et le despotisme farouche, sanguinaire du clergé espagnol. Ce seul fait du règne de Louis XVIII qui ne respectait nullement les mœurs d'une nation, doit le condamner et le vouer au mépris des citoyens qui aiment la vraie morale. Cependant, combien de fois n'ai-je pas entendu dire et même lu dans l'histoire que ce roi avait été un des meilleurs de sa race (l'histoire des rois de France n'est qu'un roman).

En tous cas, cette guerre d'Espagne conseillée au roi bigot, par les habitués de sa cour, ne lui a pas porté bonheur : il meurt sans être regretté du peuple : encore une fois, il réalise le proverbe : craignez la bénédiction du pape. — On pensait bien plus au républicain Bolivar, l'adversaire de l'esclavage, qui avait affranchi ses nègres, proclamé la république à Vénézuela : cette bonne nouvelle avait tellement remué le cœur des Français, qu'on avait donné son nom aux toques que les dames avaient adoptées, coiffure très coquette, même à d'autres objets en usage ; Bolivar, pendant son séjour à Paris, avait suivi les cours de l'École polytechnique.

Vers la fin de 1824, dans ma septième année, je portais un pantalon depuis un an ; j'en étais fier ; je ne pensais plus à Herminia ni à madame Lepage ; mon pantalon me faisait préférer la compagnie des hommes. — Toute mon amitié était concentrée sur le premier commis de mon père qui avait nom Tabourier. D'une haute stature, robuste, avec une figure à la Houivette (département de la Manche), comme les enseignes pendues au-dessus des portes des marchands de bimbeloterie ; son grand nez retroussé, ouvrant des narines profondes, ressemblait à la queue d'un roquet ; ajoutez à ce type bas-normand, deux grosses joues rouges comme des pommes à cidre, le tout encadré d'une chevelure épaisse, frisée, vous avez le portrait de mon ami qu'on ne pouvait regarder sans rire : il ne s'en fâchait pas ; au contraire, son grand bonheur était d'exciter l'hilarité en employant tous les moyens possibles et les plaisanteries qu'il trouvait dans son cerveau plein d'intelligence et de bonne humeur. Chez mon père, il ne pouvait satisfaire sa véritable vocation d'artiste ; le commerce lui offrait une ressource assurée de

son existence, ce qu'il accomplissait mieux que
les habiles négociants du Havre. — Il avait
appris sans maîtres, la peinture, la sculpture,
la musique, faisait la caricature admirablement,
peignait les grands décors pour le théâtre de la
ville; pour lui rendre entièrement justice, seul,
il dirigeait le négoce que l'on pouvait évaluer à
soixante ou quatre-vingt mille francs chaque
année, en bénéfices.

Notre commis-artiste me fit passer deux
années de mon enfance, dans une joie inces-
sante. Chaque jour, on inventait des jeux nouveaux : j'avais une garde-robe de théâtre; l'on
pouvait y choisir vingt costumes magnifiques
en velours, en soie, d'une valeur de cinq cents
francs. A cette époque, mon père était prodigue; l'argent venait en abondance. Je me vois
dans la rue Breuillette en costume d'Arlequin,
avec mon arme de bois, heureux d'attirer la curiosité d'une troupe de gamins; puis en troubadour avec la guitare; en Pierrot enfariné, en
Colombine satin-rose, changé le lendemain en
Cauchoise, le costume de prédilection de mon
ami. Je reprenais les vêtements de mon enfance,

les robes des petites filles : deux jeunes amies,
Élisa Contant et Emma Mazurier me prêtaient
leurs robes en échange de mon pantalon qui
m'avait fait homme ; mais je me rappelle bien
que j'étais mal à l'aise dans un habillement fé-
minin ; j'étouffais.

Tabourier mettait tout son talent à me bâtir
un grand théâtre, dans un magasin attenant à
notre maison, où des enfants de dix ans pouvaient jouer un rôle : rien n'y manquait ; décors
et changements à vue très réussis. On ne trouvait pas facilement des acteurs capables ; pour
y suppléer, Elisa et Emma avaient habillé une
centaine de poupées que Tabourier se chargeait
de faire manœuvrer dans *Chaperon rouge*,
Peau d'âne et autres contes intéressants. L'entrée gratis, l'on distribuait des gâteaux pendant
les entr'actes, ce qui donnait une salle comble.
Le *Chat botté* fit, dans la ville, la célébrité de
mon ami. Il traçait un chat sur un carton, le
coloriait et le découpait ; était-ce un chat ou un
carton ? En l'apercevant, on venait le flatter ;
mais au moment de le toucher, on était tout hon-
teux de s'être mépris et de ne voir qu'un simple

carton. Les amateurs de chats venaient de loin commander le portrait de leur raton : dans les salons, le chat de Tabourier trôna si bien, qu'il pouvait devenir pour notre artiste, la poule aux œufs d'or.

Quand on était fatigué de la comédie, mon ami me fabriquait de grands faux-cols en papier et un chapeau haute forme, en toile cirée : le soir venu, lui-même se déguisait en Houivette, venait me présenter à la société forcée de prendre les mouchoirs pour calmer les rires provoqués au moyen de cette scène de Bas-Normands. Un autre jour, Tabourier faisait le ventriloque, exercice à la mode, très fatigant, de même que plus tard, les tables tournantes. Il fallait voir à cet âge, toute ma joie sans avoir l'orgueil des enfants livrés à leurs caprices.

Mon père ne voulut pas intéresser notre jovial artiste, dans ses spéculations d'échanges avec les colonies; ce fut une faute et une injustice commises. — La tristesse au cœur, mon ami me quitta et trouva la fortune dans son pays. Notre commerce s'en alla à vau-l'eau. — Avec d'autres employés mieux rétribués, les gros bénéfices ne revinrent pas. Tabourier rencontra à Caen une position confortable en épousant la fille unique d'un négociant, héritière de 15,000 francs de rentes.

Depuis le départ de notre artiste regretté, depuis trois ans environ, le commerce était négligé; on allait à la chasse avec les quatre camarades qui venaient dîner souvent dans la rue Breuillette, pendant que ma mère toujours souffrante, inquiète de ces absences, se laissait saigner par le docteur Sirurey, son beau-frère, auquel elle avait donné sa confiance. Ce régime sanguinaire et barbare la menait à grands pas vers la tombe : pressentant sa fin prochaine, elle versait des larmes sur ses enfants groupés autour de son fauteuil de douleur et en regardant son mari qui allait, par habitude, chercher des distractions au théâtre.

Le véritable motif qu'on n'osait pas encore avouer, mais qui avait bouleversé le cœur de mon excellente mère, je vais le raconter... Mes parents connaissaient une dame Maugras devenue plus tard, la comtesse Regnault de Saint-Jean d'Angely: elle demeurait non loin de la citadelle du Havre (comment la veuve Maugras obtint le titre de comtesse? c'est une histoire romanesque peu connue); ce qui nous offrit l'occasion d'être reçus amicalement chez le vieux colonel Lepic, commandant de place, et chez le colonel du génie Lamare, mort à quatre-vingt-cinq ans, sous le second empire, général et gouverneur du château de Fontainebleau. Ces officiers supérieurs possédaient quelque fortune, donnaient des soirées recherchées des nombreux étrangers habitants du quartier Saint-François où nous rencontrâmes une famille Lelièvre composée du père, ancien capitaine d'artillerie en Italie, de la mère, une Romaine d'une beauté aux traits réguliers, accompagnée de ses six filles très gracieuses, bien élevées. L'on fit promptement connaissance, puis des visites réciproques avec les invités de ces réunions militaires : cependant, pour tout dire, madame Maugras n'était pas la seule personne qui nous avait mis en relations : nous devions forcément voir l'honorable famille Lelièvre voisine, à la citadelle, de M. Ferdinand de Joinville, sous-intendant militaire. Madame de Joinville, née Rose Bonvoisin, était décédée en mettant au monde une mignonne petite fille qui reçut le nom de Rosalie. M. de Joinville devenu veuf, venait nous visiter tous les jours et rire avec mon ami Tabourier : ce fut ce cousin qui, accompagné de sa petite fille Rosalie, vint nous présenter la famille Lelièvre.

Au mois de juillet 1825, nous avions été séjourner à Montivilliers, au milieu d'une campagne riche, pittoresque, boisée, où l'air froid, humide de la mer, n'est pas salutaire aux tempéraments affaiblis. Ma mère encore plus souffrante, décida de revenir au Havre, vers la fin du mois d'août; elle sentait son existence menacée; son anxiété était extrême à l'égard de celui qu'elle aimait à cause de ses enfants. Elle connaissait, l'on devine par quel moyen, les entrevues de son époux avec les demoiselles Lelièvre : elle savait qu'on se rencontrait au théâtre : il en résultait que je me trouvais le témoin de discussions et de reproches ressemblant beaucoup à une scène de jalousie. L'auteur de mes jours était peut-être dans son tort, en faisant de trop fréquentes absences. Ma mère irritée d'autant plus que ses douleurs augmentaient, recommanda à notre bonne Cile de ne pas recevoir les Lelièvre.

Deux demoiselles Lelièvre, dont l'une devait être ma belle-mère, se présentèrent demandant avec instance à être reçues. Intriguée de cette visite, ma mère ordonna à Cile de les introduire : j'étais à ses pieds jouant avec mon frère Émile, mort prématurément à l'âge de trente-cinq ans, engagé militaire au 39ᵉ de ligne, victime de la catastrophe du pont de fer d'Angers, où il reçut la médaille pour le courage qu'il montra en retirant de la Loire plusieurs de ses camarades. — La conversation était peu suivie ; on se tenait de part et d'autre sur la réserve ; on parlait des soins qu'exigeait notre santé et de la maladie de ma mère, ce qui était, sans doute, une maladresse de ces demoiselles : elles étaient si jeunes qu'on peut leur pardonner une démarche irréfléchie. Ma mère, à la suite de ce préambule agaçant, répondit à l'une d'elles, avec un sourire amer, que bientôt elle serait remplacée ; alors elle interrogea ses deux enfants, pour savoir si nous voulions une autre maman. Mon frère Emile, le plus jeune, qui n'avait que trois

ans et demi, voulait bien ce changement auquel
il ne comprenait rien ; quant à moi, je m'élançai
dans ses bras en pleurant et en lui disant :

— Mère, je ne te quitterai jamais !

Satisfaite de mes caresses et de mes larmes, ses baisers me brûlaient les joues : on ne
prononça plus une seule parole ; les deux demoiselles furent forcées de se retirer après
leur inconvenance.

Un mois à peine, depuis cette visite désa-
gréable, c'était le 30 septembre 1825, la journée
avait été chaude et sans un nuage au ciel, nous
avions fini de dîner ; ma mère restée sur son lit
de douleur, proposa à notre père, pour nous
distraire, de nous emmener chez une tante
Fouache, une Anglaise, demeurant dans le faubourg d'Ingouville. Le faubourg était loin du
centre de la ville ; lorsque nous revînmes à
notre maison de la rue Breuillette, il était neuf
heures. L'angoisse extrême avait contraint ma
pauvre mère à s'installer au milieu du salon.
Sur son séant, les yeux animés, le sang affluait
vers la tête et colorait ses joues plus que d'or-
dinaire : entre des pleurs et le délire de l'agonie,

elle blâma son mari de l'avoir laissée pour celle qu'il a déjà désignée. Ces reproches adressés violemment à mon père qui ne les méritait pas en cet instant, le firent se retirer dans sa chambre. Celle que je ne devais plus revoir, faisant un suprême effort, m'enleva dans ses bras et m'embrassa en me disant de ne jamais l'oublier..... Pendant cinq heures, cette mère chérie lutta contre la destruction de son être : des suffocations terribles tordaient tous ses membres et lui arrachaient des cris effrayants : cette torture désolante, au milieu des sanglots de ses amis, s'est terminée subitement dans un silence éternel..... je n'avais plus de mère !...

CHAPITRE TROISIÈME

Au mois d'octobre de l'année 1825, j'étais au collège de la ville d'Eu, avec mes huit ans, un bel uniforme orné de trois fleurs de lis et le plus jeune des pensionnaires : j'avais fait une grande perte pour mon éducation morale; désormais, plus de soins ni de surveillance maternelle.

Depuis le 16 septembre, Louis XVIII était mort sur le trône de ses ancêtres; le peuple avait au lendemain, oublié ce monarque jésuite, matériel, immoral, qui ne pensait qu'aux appas de madame du C...

Je me livrais plein d'ardeur à .. jouer à la corde, à la toupie, aux barres, avec les fils du duc d'Orléans : mon père, avec non moins d'ardeur, me donnait une belle-mère, celle que son cœur avait choisie, que ma mère avait devinée, avant de nous faire ses derniers adieux.

Ce mariage fut réalisé avec tant de promptitude, qu'on ne songea pas à élever une tombe à celle qui laissait trois enfants et douze cents francs de rente.

A l'âge de huit ans, on se ressent de l'absence d'une mère, bien plus qu'à l'âge de trente ans, lorsqu'on a traversé sous ses yeux vigilants, toutes les misères, tous les obstacles qui entravent souvent l'avenir d'un jeune homme.

A cet égard, une mère supplée au code civil français et romain, très religieux au fond, très absurde à notre époque : ses principes rigoureux tiennent à la fois, et du bas-empire payen et de l'église catholique ; ils blessent la morale naturelle, ce qui les met en complet désaccord avec le progrès. On a fait un bizarre mélange des lois dictées pendant la révolution de 1789 et des idées despotiques, superstitieuses insérées sous les règnes de Napoléon et de Louis XVIII.

En ce qui me concerne, ma nouvelle position d'enfant respectueux vis-à-vis de ma belle-mère, était la même, de par la loi, que si ma mère eût vécu. L'institution du mariage indissoluble a voulu atteindre ce but impossible, malgré les règlements compliqués sur les tuteurs, les subrogés-tuteurs qui restent indifférents ; leurs intérêts se reportent sur une autre famille ; la loi étant mal faite, elle reste une lettre morte, comme celle qui ordonne à l'épouse d'obéir à son mari.

Il est urgent de changer ces conventions inexécutables, afin de protéger les enfants qui naissent de mariages successifs, indissolubles, leur imposant des beaux-pères, des belles-mères, forcés d'adopter des enfants qui ne seront pas des frères ; mais des rivaux malheureux et martyrs.

Le premier remède à ces malheurs du mariage qu'on ne peut rompre, serait de rétablir le divorce décrété en 1792, adopté depuis longtemps par les États voisins ; il est entré franchement dans leurs mœurs : ne leur est-il pas évident que cet adoucissement à la vie conjugale est une des principales causes de prospérité et de supériorité sur les nations restées sous le joug du clergé catholique ?

On peut étudier avec intérêt cet évènement historique en France, où il a été pratiqué modérément pendant vingt ans ; la statistique en donne la preuve. La bourgeoisie devenue bigote, ne se rappelle plus, en 1876, avoir possédé cette loi du divorce, salutaire et morale : lorsqu'on lui en parle, elle en est effrayée; le nom seul lui fait voir le pays dans un affreux chaos.

Ne prenez peur, mes chers compatriotes, d'une loi qui serait pour notre France une cause de moralité en augmentant sa population et sa richesse; n'écoutez pas les terreurs hypocrites des partisans du droit divin, qui sont opposés à l'annulation du mariage parce qu'ils voudraient conserver aux prêtres l'autorité absolue de lier et délier les époux.

Il est certain que depuis l'évangéliste saint Paul, jusqu'au concile de Trente, le sacerdoce, les pontifes (faiseurs de ponts) n'ont jamais manifesté une grande vénération pour le mariage chargé de perpétuer légalement la race des hommes (on sait qu'il y a des motifs inavouables); sa préférence est pour le célibat. Le motif connu est-il égoïste, religieux ou politique? Il ne doit être que politique. Le catholicisme ne s'en est pas expliqué catégoriquement : il a toujours voulu la femme esclave de l'homme et

l'homme-prêtre esclave du pontife. Ce mépris
pour le mariage, on le retrouve dans la plus
haute antiquité, chez les Indiens, les Egyptiens,
où l'intérêt du pouvoir était le seul mobile.

La loi faite en vue d'un divorce naturel (la
mort) et volontaire, supprimerait en partie les
inconvénients que je viens de citer, en forçant
les conjoints, avant de contracter un nouveau
mariage, à prendre plus de soin pour les enfants
qui ne sont que frères consanguins : elle édicte-
rait des obligations sérieuses à l'égard des personnes, des tuteurs chargés de veiller sur les
intérêts de ces enfants devenus orphelins par
la perte de leurs parents ou d'unions succes-
sives.

Les nations catholiques subissent un joug
religieux qui pourrait, dans peu de temps, faire
accepter pour vraies les paroles d'un célèbre
diplomate, à propos d'une grande guerre entreprise par un souverain rêvant des projets ambitieux : « Les nations latines sont corrompues
« par la superstition ; elles sont devenues inca-
« pables de se gouverner. »

Cette petite digression qui m'arrivera souvent

dans mes souvenirs, était nécessaire afin de démontrer les graves inconvénients des unions indissolubles.

Aux vacances du mois d'août 1826, on me conduisit dès mon arrivée chez les parents de ma belle-mère; j'avais à peine neuf ans et un an de collège; on savait que j'avais versé d'abondantes larmes en quittant la maison paternelle; on connaissait mon indifférence à la lecture de la lettre annonçant le prochain mariage de mon père : pouvais-je savoir ce que cela signifiait? J'avais oublié et la lettre et son annonce fatale. On doit juger de mon étonnement en revenant au lieu de ma naissance, accompagné du beau-père et de deux de ses filles, lorsque je vois que l'une, la plus belle, reste dans l'appartement de mon père : ce n'est que le lendemain, au déjeuner, qu'on m'ordonna d'appeler cette jeune femme du nom de maman comme le faisaient mes frères : je m'y refusai obstinément avec cette franchise naïve que devraient avoir tous les enfants de cet âge. Devant mon père et ma belle-mère, j'osais reprocher à mes deux frères de donner le nom de maman à cette femme que

je ne connaissais pas. Les pénitences infligées
après cet évènement ne purent éteindre
l'amour filial; le souvenir de ma mère m'était
d'autant plus cher que l'on cherchait tous les
moyens de me faire oublier. Qu'elle soit satisfaite dans son repos éternel; cette bonne mère
a laissé un fils, un ami qui seul se souviendra
de son court passage sur cette terre!...

Ma belle-mère n'avait que vingt-quatre ans;
c'était une femme d'une beauté éclatante; je
n'en parlerai que très rarement en mémoire de
mon père. Celle qui m'a donné le jour avait beaucoup d'esprit et de l'instruction; petite de taille
avec une figure attrayante, ses lèvres un peu
saillantes et roses annonçaient sa sensibilité, un
penchant au plaisir du cœur, un goût distingué
qui la rendait difficile dans le choix de son âme
aimable. Mon enfance s'était passée entièrement
sur les genoux de cette mère douce et charmante, au milieu de jeunes femmes qui me prodiguaient leurs caresses, les trois demoiselles
Le Vallois et la gracieuse veuve Lepage : mes
désirs étaient accomplis; on voyait autour de
ma petite personne des chambres encombrées

de jouets, de costumes et de collections curieuses subitement disparues en 1825.

Au sujet de ce second mariage, je ne puis passer sous silence un incident qui donnait raison aux tristes pressentiments de ma mère. Mon grand-père Tréfouël avait refusé son consentement à cette alliance sans fortune, objectant que son fils avait à pourvoir à l'avenir de ses trois garçons : il désirait le remarier à la fille unique d'un avocat, mademoiselle Desfontaine, âgée de trente ans, ayant reçu une éducation modeste et les attraits de cinq mille francs de rentes ; les meilleures raisons ne purent changer sa résolution de s'unir à la femme qui l'avait subjugué par sa beauté et probablement empêché de s'inquiéter du sort de ses fils.

Mon grand-père paternel aimait Voltaire et avait adopté les idées de 1789. J'étais en extase devant ce beau vieillard de quatre-vingt-deux ans, récitant avec une mémoire étonnante toute une scène de la tragédie d'*Irène* : lorsqu'il donnait un dîner de famille, occasion qu'il recherchait très souvent, il citait les stances de son auteur favori, auxquelles je ne comprenais rien :

Si vous voulez que j'aime encore...

Je me souviens toujours d'un de ses bons entretiens pendant les vacances du mois d'août : j'avais répliqué avec peu de respect à ma belle-mère qui se plaignait de l'entêtement que je mettais à ne pas reconnaître son autorité maternelle. On avait prévenu mon grand-père ; sa domestique de confiance reçut la mission de m'emmener chez lui.

— Assieds-toi, me dit-il d'un ton sévère auquel je n'étais pas accoutumé : là, devant la cheminée. Tu n'aimes pas ta belle-mère?

— Non, je ne l'aimerai jamais ; ce n'est pas ma mère...

— Elle ne te fait pas de mal ?

— Non, mais je ne veux pas qu'elle me commande.

— Il faut lui obéir à cause de ton père.

— Cela m'est impossible, grand-père.

Voyant ma franchise et ma résolution, il se leva, marcha silencieusement dans son salon...

— Eh bien, tu resteras au collège : tu désires

t'instruire : je t'enverrai ce qu'il te faudra, pendant que je vivrai ; hâte-toi ; j'ai quatre-vingt-deux ans ; écris-moi souvent ; je remplacerai ta mère que tu regrettes : tu as raison ; je l'aimais bien, ta mère...

Ces derniers mots me firent bien au cœur : ce bon et noble vieillard dissimulait ses larmes avec son mouchoir. Ma pension fut payée pendant cinq ans ; je recevais à chaque trimestre, pour mes menus plaisirs, un billet de cent francs.

Ce que je viens de raconter avait eu pour résultat de ne plus m'envoyer au collège d'Eu où je ne devais plus continuer mes jeux.

Charles X sacré à Reims, croyant à son droit divin, avait été forcé d'abandonner son trône, le 30 juillet 1830.

J'avais quitté gaiement, l'ancienne demeure des Jésuites, sans réfléchir que j'y avais passé quatre années de plaisirs : notre bon professeur Valadier, martyr d'un enseignement absurde, nous avait répété tous les jours les mêmes bêtises, dans les classes de huitième et de septième.

Je venais d'accomplir ma première commu-

nion, sans bien apprécier cet acte religieux, pas
plus que le charabias du catéchisme (1) : toute
mon attention se portait sur le mot révélation,
dont je n'avais pu saisir le véritable sens des
explications simples et réitérées de notre Principal Crevel, prêtre-philosophe qui nous donna
l'exemple de la sagesse et de la patience, pendant les trois ans de notre instruction religieuse : sans malice, il nous faisait le mystère
obscur, si toutefois un mystère est clair ou
obscur. Maintenant que je connais la valeur de
ce terme en théologie, je serais dans la vérité,
en disant : notre Principal, instruit et peu dévot,
était incrédule au fond du cœur ; au lieu de nous
traduire ce mot révélation, il nous lisait simplement la formule naïve du catéchisme : « Jésus
« fils de Dieu, fait homme, est venu racheter
« de son sang, les péchés des hommes. »

Vers l'âge de vingt-cinq ans, lorsque je m'occupais, non de lire, mais de connaître les philosophes et les théologiens, j'ai seulement compris
la valeur de cette invention, de ce verbe

(1) Catéchisme, du grec κατα et ἠκος ; entendre un son
(enseigner).

6.

divin, ce fameux mystère que les religions mythi-
ques ont adopté pour mieux soumettre les peuples aux croyances d'un autre monde, afin d'obtenir leur obéissance passive.

Mon plus grand divertissement, de huit à
treize ans, était la promenade, les jours de sortie, en été, pour courir dans les champs, tresser
des couronnes de marguerites, de bluets et de
lierre ; je m'en couvrais de la tête aux pieds ;
j'aurais volontiers passé ma vie dans ces belles
fermes qui environnent la ville d'Eu. Quand
l'hiver arrivait avec son triste linceul de neige
comme il y en avait de 1825 à 1830, j'oubliais
vite la belle saison, sa luxuriante verdure qui
fait aimer, pour me livrer à une de mes passions, de glisser sur la neige. Quel bonheur de
voir une mare couverte de glace ; j'aurais glissé
nuit et jour ; toujours glisser ; j'étais heureux !
je ne sentais pas le froid de 12 à 14 degrés. Je
sortais souvent pendant la classe, afin de former une glissoire et ne pas perdre une minute de
la récréation : je ne pensais qu'à cet amusement ;
mes leçons étaient négligées et les pensums réitérés ne parvenaient pas à obtenir aucun progrès.

Plus tard, je devins très bon patineur, ma passion pour la glace et la neige m'avait suivi en Alsace, sous ce rude climat où il faut un estomac d'autruche qui puisse résister aux énormes plats de choucroute et de gnèfles.

Mais je reviens et reviendrai toujours à mes chers souvenirs de mon séjour à Eu.

La petite ville d'Eu est bâtie dans une des vallées les plus pittoresques de France, à une lieue de la mer ; elle est entourée de collines peu élevées, d'un aspect charmant par sa forêt et ses belles fermes entourées de pommiers : son origine très ancienne est restée inconnue. En parcourant le pays qui est sur la limite de la Picardie, si l'on consulte les ruines des constructions romaines et quelques noms significatifs, il est facile d'en induire que la ville remonte à la plus haute antiquité, que cette localité habitée par les Caleti, les Gaulois et les Romains, se livrait à l'époque de Jules César au commerce important de la pêche et de l'agriculture. Les habitants d'origines diverses, résultat des conquêtes et des émigrations fréquentes des peuples, avaient conservé leur croyance à. tous les dieux de l'Italie, de l'Hellade et des Celtes.

Le grand Zeus avec la mer pour ceinture, un pied sur la terre et l'autre dans l'enfer, dominait l'esprit de ce peuple enfant.

Des fortifications et des vestiges d'un château, vers le chemin qui conduit à Gamaches, ont laissé quelques traces de l'époque d'Octave, premier empereur romain : les augustes de Rome, les plus riches et les plus nobles venaient sur ces côtes salutaires : quelques villages des sixième et huitième siècles avaient les noms d'Auga, d'Out, d'Ault, etc.; ces noms indiquent qu'ils étaient habités par des augures qui avaient pénétré dans toutes les contrées civilisées, lesquels furent remplacés par des sibyllistes chrétiens.

Eu n'a aucune analogie avec le nom Auguste (augmenté en grade, en honneur), titre donné aux sénateurs et édiles de Rome : Eu, je l'ai cité plus loin, est un nom significatif de son antiquité, de son dieu Eus, Hésus ou Esus, Zeus, divinité indienne adoptée par les Hellènes, dieu du vent, des éléments, des combats; Heus ou Eus avait son temple dans les forêts qui couronnaient la ville où les marins venaient prier avant de se mettre à la mer, au Tréport, autre nom d'origine grecque (bonne entrée, lieu abrité).

Ce que je viens d'expliquer peut faire comprendre l'attachement si fort que les Eudois ont conservé pour le culte modifié du grand Zeus.

Au collège, ancienne abbaye du seizième siècle où des religieux, des Jésuites avaient passé leur vie à prier, à faire des élèves à leur dévotion, j'avais fait la connaissance des cinq fils du duc d'Orléans (Louis-Philippe), pendant quelques mois seulement ; les princes de Penthièvre, de Nemours, de Chartres, d'Aumale et de Joinville nous avaient quittés dès l'année 1825, pour suivre les cours des collèges royaux de Paris. Nous assistâmes, en 1827, aux funérailles du duc de Penthièvre ; maladif depuis son jeune âge, il était indolent et incapable d'étudier. Les princes, devenus parisiens, ne nous avaient pas oubliés ; tous les ans, nous étions honorés de leur présence, à notre distribution des prix : j'ai reçu des mains du duc de Nemours, deux accessits et deux prix d'histoire et de version latine; j'avoue que je ne crois pas les avoir mérités.

Quand le duc d'Orléans venait à son château de prédilection, résidence qui était malsaine, entourée de marécages, il nous faisait une visite toute bourgeoise et ordonnait en souriant, de nous distribuer des gâteaux. Un jour de sortie, un jeudi, nous le rencontrâmes à la grille de son parc ; j'étais le premier en rang ; le duc me prit dans ses bras pour m'embrasser : je n'en étais ni fier ni heureux : nous étions habitués à le considérer comme un bon prince, probablement à cause de son air bonhomme et de son costume peu élégant : il devait recevoir le nom de Roi-Bourgeois.

Il est inutile de relater tous les petits incidents de mon instruction, au collège d'Eu ; deux ou trois seulement peuvent offrir un intérêt d'étude et de morale.

Le jeudi et le dimanche nous allions à la messe de l'église de notre collège. L'église date du quinzième siècle. Ce petit monument remarquable par son chœur pavé de marbre, est orné

le statues en beau marbre blanc, du célèbre
sculpteur Jean Goujon ; elles représentent, de
grandeur naturelle, le duc de Guise le Balafré et
a duchesse, princesse de Clèves ; ils paraissent
être sur un tombeau : aux deux côtés de ces
admirables mausolées, quatre statues indiquent
avec une expression très réussie : la Foi, la Cha-
rité, l'Espérance et la Gloire. Ces précieuses
sculptures du seizième siècle étalaient à nos
yeux les tristes souvenirs de la Saint-Barthélemy et l'assassinat de l'amiral de Coligny. Les
cérémonies religieuses s'accomplissaient simplement, promptement ; cette absence de faste
dans notre temple n'était pas appréciée du public : il n'y avait souvent qu'une seule personne,
mademoiselle Laure de... avec ses dix-huit ans,
dont la beauté et la piété venaient charmer
notre ennui : orpheline dès son jeune âge, elle
avait été élevée par une tante, d'une famille
noble, qui habitait le faubourg Saint-Germain
de la ville d'Eu. Mademoiselle Laure avait des
joues roses que faisait ressortir une peau de
satin ; ses yeux bleus brillaient sous de
longs cils, sa gracieuse figure souriait sous

une opulente chevelure blonde ; une toilette simple, mais distinguée comme sa personne, consistait en une robe de soie bleue, sans ornements. Nous étions heureux d'avoir notre bon ange qui nous donnait par sa présence la vie et la joie au milieu de cette monotonie religieuse où le cœur, avant de connaître les plaisirs du monde, est pénétré de cet égoïsme oublieux des devoirs naturels et sociaux. Nous avions deux chantres au lutrin ; les voix étourdissantes et gutturales de cent élèves étaient chargées de leur répondre ; pour ma part, je chantais : criais de tous mes poumons ; ce devait être un grand vacarme à faire fuir les personnes nerveuses.

Les plus riches familles avaient obtenu de me posséder un jeudi de chaque semaine ; c'était à qui trouverait le moyen de me distraire du souvenir de ma mère, dans les bonnes sociétés des de Plémont, de Gromart, de Grammont, de Villepois et autres : j'aimais les bons dîners de M. Rabion, le père de mon camarade, qui fut maire sous le règne de Louis-Philippe ; son fils lui succéda dans ces honorables fonctions ; c'est à lui que fut adressée la spirituelle chanson du maire d'Eu. La croustilleuse poésie a été composée et chantée à la table du roi, où assistaient Rabion et les habitués du château, par M. Vatout, intendant des domaines du prince, membre de l'Académie Française. Louis-Philippe, d'un caractère positif, peu porté aux plaisanteries, goûta fort celle-ci ; elle provoqua chez lui une hilarité assez intense pour le forcer à sortir de table pendant un instant. Je la transcris ; elle n'est plus connue de la génération actuelle.

LE MAIRE D'EU.

—

CHANSON FAITE SUR LES LIEUX

—

AIR A RENOUVELER,
CHANTÉ A LA TABLE DU ROI.

—

PREMIER COUPLET.

L'ambition, c'est des bêtises,
Cela me rend tout soucieux ;
Mais dans le vieux château des Guises,
Qui ne serait ambitieux ?
Tourmenté d'un besoin de faire

Quelque chose pour ce beau lieu,
J'ai brigué l'honneur d'être maire,
Et le roi m'a fait maire d'Eu !

DEUXIÈME COUPLET.

Notre origine n'est pas claire,
Rollon nous gouverna jadis ;
Mais César fut-il notre père
Ou descendons-nous de Smerdis ?
Dans l'embarras de ma pensée,
Un mot peut tout [concilier :
Nous sommes issus de Persée,
Voyez plutôt mon mobilier.

TROISIÈME COUPLET

Je ne suis pas fort à mon aise,
Ma mairie, c'est un petit coin,
Et mon trône est une chaise
Qui me sert en cas de besoin.
Mes habits ne sentent pas l'ambre,
Mon équipage est un peu vieux :
Mais que m'importe, un pot de chambre
Suffit bien pour un maire d'Eu.

QUATRIÈME COUPLET

Cette garde-robe modeste
Me suffit et remplit mes vœux :
Fasse le ciel qu'elle me reste,
Et je serai toujours heureux !

Puisse le prince dont sans cesse
La France bénit les bontés,
Me conserver dans ma vieillesse
Mes petites commodités.

CINQUIÈME COUPLET

On vante partout ma police.
Ce qu'on fait ne m'échappe pas,
A tout je rends bonne justice,
J'observe avec soin tous les cas.
On ne peut ni manger ni boire
Sans que ça passe sous mes yeux,
Mais c'est surtout les jours de foire
Qu'on me voit toujours sur les lieux.

SIXIÈME COUPLET

Des flatteurs vantent la science
Et la beauté de leur budget;
Mais souvent leurs plans de finance
Compromettent nos intérèts.
Moi, j'ai les visières plus nettes,
Et vous allez être étonnés,
Lorsque je me sers de lunettes,
Je ne les mets pas sur mon nez.

SEPTIÈME COUPLET

Grâce aux roses que l'on cueille,
Dans mon laborieux emploi,
Je préfère mon portefeuille

A celui des agents du roi.
Je trouve les ordres sinistres
Qui brisent un pouvoir tout net,
Et plus puissant que les ministres,
J'entre en tout temps au cabinet.

HUITIÈME COUPLET

Je me complais dans mon empire,
Et je n'éprouve aucun souci.
J'aime l'air qu'on y respire ;
On voit, on sent la mer d'ici,
Partout l'aisance et le bien-être,
Ma vie est un bouquet de fleurs,
Aussi j'aime beaucoup mieux être,
Maire d'ici que maire d'ailleurs.

NEUVIÈME COUPLET

Vieux château bâti par les Guises ;
Mer d'azur baignant le Tréport;
Lieux où Lauzun fit des bêtises,
Je suis à vous jusqu'à la mort.
Je veux sous l'écharpe française
Mourir en sénateur romain,
Calme et tranquille sur ma chaise,
Tenant mes papiers à la main.

Signé : J. VATOUT,
Membre de l'Académie Française,
Auteur de l'*Histoire du Château d'Eu*.

La copie de cette chanson m'a été donnée par M. Estancelin père qui se trouvait avec moi à un dîner chez Rabion, et voulut bien nous la faire chanter par un de ses amis.

J'ai laissé mademoiselle Laure sur son prie-Dieu, lorsqu'il n'était pas encore question des bonnes plaisanteries de l'académicien Vatout, mais de Charles X devenu vieux, qui voulait forcer la nation à ne penser qu'à Dieu et à son roi, sous les menaces d'un clergé insatiable : l'aristocratie riche et immorale acceptait bien cette reculade vers le moyen âge ; le peuple ne pensait pas de même ; un travail pénible, pour son compte, pouvait mieux lui assurer son existence.

J'avais en cette année onze ans ; mademoiselle Laure, que je rencontrais les jours de sortie, captivait mon cœur ; je l'aimais comme peut aimer un enfant dans toute l'innocence de cet âge qui ressemble, par sa vivacité, à ces passions folles de la jeunesse, surgissant subitement au cerveau d'un collégien ; j'aurais donné ma vie pour un caprice de l'amitié.

Un jour de printemps, la saison chérie des

fleurs et des amants de la nature, j'imaginais
un moyen original de déclarer à cette demoiselle les sentiments qu'elle m'inspirait. Je
n'écrivis pas une lettre banale; je fis un travail
plus compliqué; une longue narration sur la
beauté et les vertus de la reine Blanche de Castille, mère de Louis IX. Quelques lignes que
j'avais lues dans l'histoire de France avaient
frappé mon esprit : je brodai sur ce texte complètement faux, un roman d'une dizaine de
pages : j'achevai cette œuvre bizarre, en com-
parant Blanche de Castille à mademoiselle
Laure dont la beauté et la bonté seraient dignes
d'un roi, trop heureux de conquérir la gloire
pour obtenir son cœur : puis, ma péroraison
exprimait des vœux pour que cet honneur me
fût réservé à la fin de mes études.

Cette composition m'avait occupé deux jours;
je la donnai sous pli cacheté à un de mes camarades externes, voisin du domicile de ma
Dulcinée. Mademoiselle Laure en prit lecture;
elle appela sa tante pour la lui remettre : la
tante devina la provenance de cette invention
écolière, ce qui n'était pas difficile, ayant sous

la main le naïf commissionnaire ; elle montra ce
papier à un professeur, lequel professeur le livra
au principal. Grand émoi dans le collège ; je n'a-
vais pas signé mon opuscule. Le camarade de
classe, je ne me rappelle plus son nom, était de
mon âge ; il garda le silence sur celui qui l'avait
chargé de cette espièglerie. On avait puni les
élèves de rhétorique, soupçonnés d'avoir le coupable : j'étais décidé à déclarer ma faute ; notre
professeur d'écriture voulut bien m'en dispenser.
L'abbé Crevel ne pouvait croire que cette narration était ma propriété littéraire et resta
persuadé qu'elle m'avait été dictée par un élève
d'une classe supérieure, ce qui m'évita une pu
nition sévère. Un mois après cette aventure,
je fus invité à un dîner pour célébrer la fête de
l'honorable et regretté M. de Plémont ; on me
plaça à côté de mademoiselle Laure, à la satisfaction des convives : elle continua d'être gracieuse
à mon égard, de m'encourager à lui adresser
un petit compliment ; mais que ce soit timidité
ou l'attitude joviale de la nombreuse société,
je restai muet. A la fin du repas, Laure me
dit en riant et sans affectation, que si j'avais

un air moins mélancolique, elle serait disposée à m'aimer, sans attendre que je devienne une majesté ou un prince.

Cette réponse à ma composition n'était pas à mon avantage auprès du beau sexe ; si déjà on me voyait rêveur, j'étais bien le plus jeune, le plus turbulent de tous les pensionnaires. Toujours est-il que cette fine observation faite avec franchise par cette aimable demoiselle, n'ôta pas de mon cœur sensible, son image chérie : je n'ai cessé de penser à cette douce personne, pendant tout le temps que je restai au collège d'Eu où j'ai accompli ma première communion en priant..... Laure.

J'ai raconté l'essai de ma première narration, c'était mon goût dominant.

L'année 1830 ne fut que des mois de plaisirs, de paresse, de prières, de messes, de confessions, de jeux bruyants, de mutineries avec mes camarades et mes maîtres d'études. Je sentais mon sang circuler dans mes veines ; heureux de vivre, les beaux jours que donne un soleil radieux, faisaient bouillonner ma tête ; je courais éperdu, à travers les prairies et les promenades de la ville, dans les sentiers tracés au milieu des champs de blés plus hauts que ma tête, qui sont les produits des terres fertiles de Pont-Remy, village situé à une lieue du collège : je me reposais sous l'ombrage des pommiers en fleurs ; on buvait du cidre, du véritable cidre ; nous allions dans l'immense forêt qui couronne le Tréport et ses falaises, chanter, crier, fumer des sureaux : cette forêt appartient aux ducs d'Orléans ; elle s'étend jusqu'en Picardie.

Ma classe de septième n'avait été qu'une étude de catéchisme ; si j'en ai suivi les cours deux ou trois mois, je crois être dans la vérité. Tel est le résultat du mélange des études classiques avec l'enseignement des dogmes de la religion. Ma première communion accomplie, je fisce qu'on appelle une escapade ; j'avais proposé à deux camarades plus âgés d'aller une après-midi, au Tréport, manger des huîtres et boire du vin blanc : mes 90 centimes que je recevais chaque semaine, me permettaient de payer la consommation (les huîtres valaient 20 centimes la douzaine) ; mais comment dissimuler

7.

notre absence? Je donnai l'idée d'aller nous
confesser à l'abbé Mouton, vicaire de la belle
et vaste église gothique, dédiée à Notre-Dame,
ce qui nous fut accordé. Y avait-il eu indiscrétion? on voulut s'assurer si nous étions à l'é-
glise : on ne trouva personne. Au Tréport,
trois douzaines d'huîtres furent avalées en un
instant; l'on revint en courant. Le concierge
nommé Le Koch, un ancien soldat de l'empire, nous attendait à la porte du collège; il
nous conduisit au principal qui expulsa Léon,
le plus âgé, un grand garçon aux cheveux frisés,
couleur carotte; l'autre camarade et moi fûmes
condamnés au pain sec, à l'eau et à rester à genoux, au milieu du chœur de notre église, durant huit messes. Eh bien, j'étais satisfait de
cette punition humiliante; je me disais : mademoiselle Laure reviendra de son erreur; elle
saura au moins que je ne suis pas mélancolique. Quant à l'abbé Mouton, mon confesseur,
c'était un homme jeune, très pieux, aussi doux
que son nom : depuis..... hélas! mon étonnement fut grand d'apprendre, en venant habiter
Abbeville, que cet abbé si bienveillant avait

été condamné en cour d'assises, pour s'être laissé séduire par sa servante. Voilà où conduit le célibat du clergé catholique et romain ; les novices croient pouvoir résister aux lois de la nature. Il faut plaindre leur erreur d'être en lutte contre le Dieu auquel ils consacrent leur existence : les principaux coupables sont les grands dignitaires de la religion, qui les recrutent dans les campagnes en leur faisant des promesses fallacieuses.

Pendant la mémorable révolution des 27, 28 et 29 juillet 1830, je continuais d'être turbulent, dissipé : à l'âge de douze à treize ans, la croissance est nerveuse et maladive si on la prive de liberté, de promenades, de l'air pur, première nécessité hygiénique de l'enfant ; on ne devrait pas leur faire subir, autant que possible, cette agglomération pernicieuse des dortoirs, des réfectoires et des salles d'études.

Mes boutons d'uniforme, à trois fleurs de lis, étaient arrachés et je me couvrais de cocardes tricolores. J'avais le privilège d'avoir un précepteur chargé de veiller sur mes actions et mon travail, c'était M. Devisme, clérico-légitimiste, l'ami intime de l'abbé Crevel : les autres professeurs, de la société secrète des Carbonaris, avaient, avec le duc d'Orléans, acclamé la révolution. Mon précepteur Devisme avait des mouvements saccadés, à chaque nouvelle annonçant le triomphe de la révolution et l'abolition du droit divin, ce qui accentuait sa singulière habitude de porter l'index de la main droite au nez, comme pour prendre une prise de tabac, et ensuite entre ses jambes afin de placer à gauche le sentiment de son cœur amoureux d'une jeune fille de la grande rue d'Eu, qui lui brossait soigneusement son chapeau tous les matins, et dont le père, chapelier, lui avait confié l'instruction. Valadier, notre professeur de septième, plein d'admiration pour le drapeau tricolore, ne portait pas en signe de contentement les doigts au sentiment de son cœur; mais à ses favoris ou dans son épaisse chevelure qu'il grattait jusqu'à pouvoir saisir quelque chose qui était porté à la bouche. Ce geste simiaque nous faisait rire ; mais il n'avait pas l'air de s'en apercevoir.

A cette époque, il n'y avait que les hommes

de 60 à 70 ans et les fils de républicains, ayant
joué un rôle important en 1792, qui étaient con-
vaincus de la nécessité de revenir aux idées
de 89, en proclamant la république. Quant à la
jeune génération, elle ne connaissait la révolution que par son plus mauvais côté ; les livres
lui manquaient ; l'histoire n'était qu'un roman ;
son instruction cléricale l'avait rendue dévote ;
son imagination savourait en secret seulement
le romantisme nuageux du poëte Lamartine :
une sorte d'aristocratie naissante, dominée par
les prêtres, l'entraînait forcément au gouvernement monarchique. Louis-Philippe d'Orléans
était assuré d'avance d'avoir l'assentiment de
la nation qu'il n'a pas voulu consulter ; mais il a
eu le tort d'agir en souverain ; de croire que les
peuples solidaires de leurs voisins peuvent vivre isolément, sans participer aux progrès de
l'Europe et de l'Amérique, et même reprendre
quelquefois des usages délaissés depuis longtemps, réputés nuisibles à leur bien-être. Toujours est-il que Louis-Philippe, aux manières
simples, vivant sans faste, avec économie,
avait su se faire aimer de la bourgeoisie et de

la nouvelle noblesse de Napoléon. Malgré la réputation de son bon sens et de son instruction, il ne tint aucun compte des nombreux attentats contre sa personne ni des impatiences du peuple réclamant la liberté dans le commerce chargé de droits prohibitifs qui faisaient augmenter sans cesse les denrées et les objets de première nécessité. Tout étant pour le mieux dans son conseil, il ne s'inquiétait pas d'empêcher le retour régulier des disettes. L'échelle mobile faisait la fortune des grands propriétaires fonciers ; le peuple subissait les conséquences de ce calcul absurde. Les réformes attendues vainement contribuèrent au renversement de la monarchie constitutionnelle, le 24 février 1848.

L'entourage du roi ne pouvait croire à cet évènement prévu et prédit dès l'année 1846.

Pendant les journées de juillet 1830, au collège d'Eu, j'étais aux premières loges, pour observer la scène qui se passait à Paris. Mon précepteur Devisme m'arrachait mes rubans tricolores et les jetait dans sa malle, pleine de ces insignes révolutionnaires : tous les jours, j'en

avais autant ; l'argent que mon grand-père m'en-
voyait généreusement, avait été destiné à cet
achat, y compris un petit drapeau que je par-
vins, avec un autre camarade, à planter sur une
galerie du clocher de notre église. Personne ne
me dénonça ; j'eus le courage de dire à M. Crevel,
notre Principal, que j'avais acheté le drapeau ;
me voilà encore au pain sec et à l'eau. Le bon abbé
écrivit à mon père que, depuis ma première communion, je mettais le désordre dans les classes. Mon père était alors entièrement occupé aux
amours de son second mariage, dont la lune de
miel ne brillait plus à l'horizon ; mais il avait
un nouveau-né, un Benjamin : l'auteur de mes
jours ne me reprocha que la consommation de
chocolat qui était, je crois, de cinquante francs :
Une si forte somme pour quelques morceaux de
chocolat ? m'écriai-je, ce n'est pas possible. Ce
problème à résoudre pour du chocolat que je
n'avais peut-être pas mangé, n'était pas de ma
compétence ; on n'en parla pas à mon grand-
père, qui, à son âge, en eût ressenti un vif chagrin.
Une autre circonstance apaisa sans doute la
colère paternelle ; il ne put s'empêcher de rire

en me voyant descendre de la diligence, couvert de petits rubans et les boutons à fleur de
lis arrachés; lui-même arrivait de Paris avec
son ami Edouard Laffitte et la garde nationale, partie le 30 juillet. L'abbé Crevel, resté
fidèle à Charles X, remplacé par un professeur
nommé Léger, fut admis par le roi Louis-Philippe, chevalier de la légion d'honneur, pour
avoir, par mes mains, été un des premiers à ar-
borer le drapeau tricolore.

J'ai retracé le souvenir de la plus belle période
de mon enfance; c'est la seule que je regrette,
parce que pendant douze ans, j'étais heureux
d'une existence sinon exempte de petites indispositions, du moins de tous soucis. Je n'avais
connu que les caresses d'une bonne mère qui
veillait sur moi et savait trouver ce qui pouvait
me plaire et m'amuser à chaque heure du jour.
Ma bonne Cile était chargée, lorsque je m'éveil-
lais, de me distraire avec les contes de Perrault
et de Lafontaine. J'avais pour compagnes de
mes jeux, dans mes huit premières années,
deux petites voisines charmantes, Elisa Contant et Emma Mazurier; elles se faisaient un

plaisir d'habiller mes poupées, pour jouer la comédie. Huit ans où tous mes souhaits, tous mes désirs étaient accomplis! Les quatre années du collège d'Eu ont bien été au moins la continuation de mon heureuse enfance; car elles m'ont laissé plutôt le doux souvenir des jeux avec de bons camarades, que l'ennui du travail. Lorsque je me reporte par la pensée à ces premières années qui ne sont pas heureuses pour tous les enfants, je puis affirmer que j'ai goûté les délices rêvées des chrétiens pour un paradis céleste. Est-ce à dire que je voudrais recommencer à naître? non; l'enfance ne sait vivre et ne peut apprécier ni la souffrance ni le bonheur. La perspective de la mort sera toujours un obstacle au désir de la vie : cela est si vrai, que les philosophes de l'antiquité ont inventé l'âme immortelle, croyant remédier au triste sort de l'humanité.

Les personnes qui vieillissent avec l'illusion de l'immortalité sont-elles moins malheureuses dans cette attente de la mort, que celles qui ne l'ont pas ou ne croient plus à cette espérance surnaturelle? je ne puis l'admettre : l'inconnu mettra toujours un obstacle infranchissable à la foi qui les prend dès la naissance.

L'histoire des princes de l'église catholique et l'étude consciencieuse sur les principaux chefs de religion de l'antiquité prouvent le soin qu'ils ont pris pour laisser un nom sur cette terre, soit par leurs travaux, soit par leurs hautes fonctions : il est évident que la certitude de n'avoir pas une seconde vie les a fait agir dans cette prévision; du moins, ils ont consacré les forces de la volonté, pour ne pas périr entièrement dans celle-ci.

Les vacances des mois d'août et septembre 1830 me firent réfléchir, tellement réfléchir, que tout d'un coup je sentis en moi un changement extraordinaire : devenu un autre moi-même, les jeux et les plaisanteries n'avaient plus tant d'attraits ; mon caractère avait une tendance encore plus prononcée aux études spéculatives et à ce sentiment que j'avais de la poésie et des lettres; mademoiselle Laure lui donnait le nom de mélancolie. Mon habitude de ne pas faire de mauvaises plaisanteries était de mode; le romantisme, qui faisait des progrès, avait opéré cette transformation. Il fallait avoir, pour être un jeune homme comme il faut, une figure pâle, un air sérieux, des yeux langoureux, une pose nonchalante et rêveuse; des lunettes bleues, une chevelure longue, tombant sur les épaules, comme le font les Bretons du Finistère; le cou enfermé dans un carcan de crin, forçant à porter le regard vers le ciel. Le col rabattu des saint-simoniens était rare encore; moins ridicule que le carcan de crin, il n'a pas été pris pour modèle. Ce costume de maître d'école était en contradiction avec la manie des Français de jouer au soldat : l'enfant et le vieillard ont le bonnet de police orné d'un énorme gland campé sur l'oreille droite, coiffure de rigueur; le souvenir des glorieuses guerres de Napoléon est récent; les tableaux, les dessins représentant les victoires, sont sur les murs des plus humbles chaumières et sur les panneaux de la riche bourgeoisie. Les Français au rire gaulois et vaniteux sont tous guerriers comme au temps de la république et de l'empire. Ces mœurs transitoires indiquent assez comment Napoléon III a réussi dans ses projets, vingt ans plus tard.

On s'éveillait, on s'endormait au son du tambour et du canon; les élèves des collèges étaient
armés de carabines; exercice deux fois par semaine, pour assister aux revues des régiments
de ligne et de la garde nationale : contrairement
à ce qui arrivera en 1848, le clergé était exclu
de toutes les cérémonies et manifestations; les
prêtres ne devaient pas sortir du temple ni
mettre la main sur l'université.

Les élèves du collège du Havre, où, jusqu'à ce
qu'il fut décidé de mon sort, j'avais demandé à
suivre la classe de sixième, avec Levieux, avocat, et les deux fils Ancel, adoptèrent un costume
de marin, très coquet. Louis-Philippe nous
aperçut au milieu des légions de la garde nationale; avec sa bonhomie habituelle, admirant
notre air martial, nous dit bien haut : Vous êtes
l'espoir de la patrie! cette attention flattait
notre amour-propre; nous nous voyions déjà
avec un brillant uniforme d'officier, remportant
des victoires sur les Anglais et les Prussiens que
l'on nous apprenait à mépriser.

Louis-Philippe avait hérité de la conquête
facile d'Alger, ville de 60,000 habitants, qui eut

lieu le 5 juillet 1830 : les Anglais et les Turcs nous avaient laissés prendre ce repaire de brigands, de pirates ; cette réminiscence guerrière contribua à nous donner de la crânerie militaire ; mais n'empêcha pas la chute de ce pauvre roi Charles X, qui s'était imaginé avoir autant de génie que Napoléon. La victoire, disait-il, en son conseil, va me faciliter mes ordonnances qui anéantiront les droits de l'homme, proclamés en 89.

Cependant Voltaire, qui n'était pas inconnu de Charles X, n'avait-il pas écrit et répété souvent cette vérité : que les gouvernements ont eu le tort de se servir de préjugés absurdes pour soumettre les peuples.

Le dix-neuvième siècle a été inauguré en France par le génie de la guerre ; Napoléon courait à l'immortalité des grands capitaines, avec Alexandre et Jules César. Ces trois hommes célèbres trouvèrent des armées toutes prêtes, formées de vieux soldats aguerris. Ils profitèrent avec talent, sans doute, de ce que le hasard leur mettait à profusion dans les mains : sans l'avoir prévu, contre leur volonté, les idées philosophiques et morales vinrent à leur suite combattre le despotisme et ses erreurs. Mais les guerriers de toutes les époques ont fait plus de mal que de bien.

Les collèges de France, en 1830, étaient des écoles de futurs guerriers. Comment pouvait-on donner le nom de collège à celui du Havre, une pauvre masure humide, sombre, entourée de petites rues infectes, privée d'air et de soleil? Le moment est venu de nous expliquer pour quel motif la ville du Havre, riche et n'ayant à supporter aucunes dépenses, ne s'occupait ni d'un collège, ni de l'instruction, ni des élèves. Toujours est-il que Bernardin de Saint-Pierre et Casimir Delavigne y avaient commencé leurs études.

Je suivais les cours de la classe de sixième; cependant, je n'avais nullement étudié en septième, j'en ai raconté la raison : les deux prix reçus des mains de M. le duc de Nemours ne prouvaient pas ma capacité en thème, en orthographe, en écriture. En sixième, ma place était dans la moitié de la classe; je primais les deux fils Ancel qui avaient avec moi un répéti-

teur, chez mon père : Charles Ancel est mort,
et Jules, l'aîné, est devenu maire et député légitimiste du Havre. (Voir sa biographie.)

Au mois d'avril 1831, il faisait froid ; la neige
couvrait encore une partie de la France : je me
tenais toujours sur la réserve, au vis-à-vis de
ma belle-mère ; mais ma conduite était si cor-
recte, qu'on ne pouvait l'attaquer. Mon grand-
père, d'accord avec moi, voulait que je fisse mes
études classiques pour me faire recevoir professeur ou médecin : il fut convenu que j'irais immédiatement dans un collège de l'Alsace. Mon
grand-père s'engageait à payer ma pension ;
une seule chose l'inquiétait : sans être maladif,
je ne paraissais pas avoir une constitution robuste ; il était à craindre que le climat froid et
humide des frontières du Rhin ne fût perni-
cieux pour ma santé. Le frère de ma belle-mère
avait habité le Haut-Rhin ; on demanda son
avis : le tableau si attrayant qu'il fit d'un pays
où sa fiancée l'attendait avec impatience, décida
de se rendre à ses raisons qui n'étaient pas, il
s'en faut, concluantes à mon égard. Il en résulta
que, pendant les cinq ans de ma dure prison,

sans avoir ni repos ni vacances et sans revoir le Havre, je faillis perdre la vie à la suite de fièvres qui indisposaient tous les pensionnaires, au printemps, soit par trop de travail, soit à cause des eaux sales des puits, ou d'une nourriture pâteuse, lourde, qui ne peut convenir qu'aux Allemands.

En cette année, trois étoiles littéraires brillaient avec éclat sur la France; les nations allemande, anglaise, belge, s'occupaient de spéculations positives, de l'origine des religions et de découvertes scientifiques. On verra dans peu d'années que nos voisins ont profité de nos leçons, en ne consacrant pas entièrement leur talent à des œuvres d'imagination. Les trois génies du romantisme, Alfred de Musset, Victor Hugo et Lamartine, sont-ils parvenus à rivaliser avec le classique Voltaire qui est encore la gloire la plus pure de la littérature nationale? La France cléricale du dix-neuvième siècle veut le renier; elle fait peu de cas des célèbres encyclopédistes.

Depuis cinquante ans, voilà où mène le jésuitisme, le bigotisme: depuis cinquante ans, Français spirituels, savants et ignorants, vous faites le signe de la croix, en prononçant le nom de Voltaire que l'Europe vous envie : les deux mondes se moquent de vous et prennent en pitié l'erreur de votre esprit obscurci par la religion et cette sotte vanité gouailleuse qui domine toute la France.

Je citerai encore trois bons auteurs de romans : de Balzac, Alexandre Dumas père et Paul de Kock. Beaucoup d'autres ont eu plus de réputation que de valeur; on n'en parlerait plus, si les journaux qui s'occupent plutôt de leurs intérêts que de morale et d'instruction, ne forçaient leurs abonnés à lire tous les matins ces romans qui n'offrent que l'attrait du style.

Pendant que mon père prépare ma malle et mon trousseau de collégien, pour m'exiler à cent cinquante lieues de mon port de mer, qui à lui seul vaut bien le Haut-Rhin, je vais examiner ma personne ; puis je raconterai un incident triste et comique ; il porte son enseignement.

Je me suis interrogé souvent pour me connaître ; les philosophes grecs le conseillent avec raison ; cette étude a été faite à l'aide de remarques sur les aptitudes et les mœurs des nombreux camarades qui ont vécu avec moi.

En analysant mes pensées, mes habitudes et mes actes inconscients légués par mes parents, j'ai pu vérifier que j'avais été en principe, comme tout ce qui est dans la nature, un égoïste. L'égoïsme est nécessairement l'instinct naturel de tout ce qui existe sur la terre. Cette force conservatrice qui avait été modifiée ou si l'on veut mitigée par un sentiment trop altruiste ; ce sentiment trop développé ; cette seconde nature greffée par les mœurs de la famille, me faisait désirer avec excès, peut-être, l'amitié ou l'amour de mes semblables. Être aimé a été, dès mon enfance, le déterminisme de mes actions : sans doute, cette jouissance délicate, cette volupté du cœur, est ressentie plus ou moins par tous les hommes ; mais combien savent l'apprécier ? Beaucoup de personnes, en fréquentant certaines sociétés, méprisent ou prennent en pitié les êtres sensibles qui consentent à se sacrifier pour leur prochain. Être aimée ! disait la marquise du Deffant, sera toujours mon plus ardent désir... Hélas ! cette charmante femme répétait encore, à son extrême vieillesse, dans sa petite ville de Sceaux : être aimée et mourir ! Elle est morte dans la tristesse et les larmes, de n'avoir pu réaliser ce désir qui torturait son pauvre cœur.

Eh bien, l'amour platonique, théorie de la jouissance dans l'antiquité, préférant les plaisirs de l'âme, aux désirs matériels ce qui n'est pas très exact, quand on se rend compte des mœurs d'Athènes, je l'avais adopté et exécuté à la lettre. La passion de l'idéal me forçait de m'effacer sans cesse devant les ambitieux, les intrigants et les égoïstes ; ce caractère de sentiment exagéré a été certainement la cause que, dans mes pensées, je n'ai pas visé ni la fortune ni une haute position ; que les personnes qui ont compris mon amitié ou mon amour ne pouvaient être à la hauteur du sacrifice, du dévouement que j'étais disposé à accomplir, pour absorber en moi toute leur confiance, toute leur affection. Comme madame du Deffant que je me plais à citer, j'ai consacré mon existence, mon patrimoine, mon bien-être, à posséder l'amitié, cette amitié si douce, la volupté du bonheur... et me voilà bientôt descendu dans la tombe, sans avoir à peine goûté à sa coupe délicieuse qui souvent, bizarre destinée ! est prodiguée à profusion aux hommes qui ne l'ont point cherchée ni méritée.

Mes professeurs me donnaient le nom de stoïcien, parce que je ne me plaignais ni de l'excès du travail ni du malaise qu'on ne peut éviter ; mes camarades, plus sensibles, allaient se faire soigner à l'infirmerie pendant huit jours ; j'avais, ils me l'assuraient un jugement droit et décisif ; de la mémoire pour les faits, très peu pour le récitatif exact des mots ; un peu lent à comprendre lorsqu'il s'agissait d'un problème, et causant bien dans l'intimité. Ceci explique la prédiction qui m'était faite au collège : « Vous ne parviendrez pas dans les fonctions administratives ; vous pourrez être un bon juge d'instruction. » (Certes, je n'aurais pas dédaigné cet emploi difficile, laborieux et honorable) ; j'avais une aptitude particulière à reconnaître promptement le caractère de mes nouveaux camarades.

Mon esprit aime les plaisirs permis et les distractions de bon goût, il n'a jamais été porté au mal, à la dévotion, aux superstitions ; je n'éprouvais donc pas la peur de la mort, des fantômes et dés orages ; je ne tremblais pas pendant la nuit, en traversant les forêts et les cimetières ou les précipices des montagnes. Pour descendre d'un troisième étage, un escalier était inutile, l'angle d'un mur bien saillant, me suffisait ; j'obtins facilement le prix de gymnastique. La réputation de sans-peur m'était bien acquise. Mes camarades venaient me trouver quand il s'agissait d'aller dans un endroit isolé : j'ajoute, que j'avais la crainte des voleurs et des méchants.

Mon portrait au physique correspond assez à mon portrait moral.

Jusqu'à l'âge de vingt ans, j'étais croyant en la religion de mes ancêtres : je suis devenu incrédule, en perfectionnant mes études qui m'avaient enseigné une morale pleine d'erreurs et d'hypothèses incompréhensibles. Ma mère m'avait appris à l'aimer, à être respectueux pour les infirmes, charitable à l'égard de tout le monde; elle me chargeait, les vendredis, de donner quelque monnaie à une vingtaine de pauvres diables qui m'aimaient à cause de cela. Il en est résulté que ma première éducation, sous l'influence d'une morale naturelle, a, non sans beaucoup de difficultés, vaincu ma seconde éducation qui avait pour principe, pendant dix ans, une morale obscure, qui fait de l'espèce humaine une chose sans valeur, en dehors des lois universelles. Voltaire l'a déjà dit, au dix-huitième siècle : la religion jette un voile sur la vérité, la liberté et la vertu.

L'éducation maternelle et naturelle ne vous quitte qu'à la mort, tandis que celle reçue dans le cours des études, mélange de surnaturel, de systèmes métaphysiques auquel on soumet l'intelligence de l'enfant, ne résiste que peu d'années, pourvu qu'il ait la volonté de persévérer à s'instruire. Un homme élevé par une mère dévote, bigote, devient dans l'âge mûr. libertin, hypocrite ; puis, dans sa vieillesse, sa première éducation religieuse lui revient en mémoire, il se livre à la dévotion qui le met dans un état de prostration désolant.

Il n'en est pas de même de celui qui a vécu
en observant les lois de la morale humaine, il
subit la mort avec résignation ; mais l'homme
coupable craint la justice de son pays et meurt
dans la honte, châtiment de l'opinion publique.

Maintenant que l'examen de ma personne est
terminé, pendant que mon père continue à com-
pléter avec soin mon trousseau, je vais faire
connaître l'autre incident qui a du rapport à ce
que je viens d'expliquer sur l'éducation.

Mon père, en effectuant son second mariage,
n'avait pas calculé que cette nouvelle position
serait la ruine de son commerce. Ma mère et
mon grand-père Tréfouël avaient dirigé, avec
deux commis, sa maison de négoce ; mais ce
dernier avait quatre-vingt-deux ans et ne pouvait s'en occuper ; l'employé resté seul, avec
douze cents francs d'appointements, la nourriture et le logement, ne voulut pas accepter cette lourde charge. Mon père, comme au
temps de son premier mariage, ne s'occupait
que de chasses et de promenades ; conduisait sa
jeune femme dans les festins, théâtres, concerts

et bals du haut commerce, qu'il fréquentait sur la recommandation de son père. D'un autre côté, j'ai expliqué pour quel motif le fidèle Tabourier, la providence de la maison et la joie de mon enfance, avait refusé d'assister à la décadence du commerce.

Plusieurs employés se succédèrent; un des derniers fut présenté par un ami de mon père, un ancien négociant de Saint-Domingue, où il avait acquis rapidement soixante mille francs de rentes. Le jeune homme pouvait avoir vingt-quatre ans, sortant du séminaire qui l'avait exempté du service militaire, il s'acquittait avec zèle de ses fonctions très faciles et faisait ses dévotions assidûment.

Au mois de mars de l'année 1831, on avait l'habitude de nous emmener, après le dîner, chez les sœurs de ma belle-mère; nous rentrions vers les dix heures; mais un soir, nous revînmes, je ne sais la raison, beaucoup plus tôt, vers les neuf heures. Nous trouvâmes la grande porte de la rue du Chilou ouverte, la porte du bureau ouverte, et enfin, la caisse et le pupitre fracturés.

Nous étions sans lumière, nous tenant en tremblant par nos habits ; mon père en tête, n'étant pas plus brave, faisait du bruit et cherchait, sans pouvoir la trouver, une chandelle qu'il avait à la main (la bougie était rare en 1831) ; enfin, il parvint, non sans peine, à nous éclairer. Pâles comme des cadavres, mon père constata tout de suite, une soustraction de billets et 8000 francs en argent qu'il avait eu l'imprudence de laisser dans son bureau. Un quart d'heure après notre arrivée, le commis se présenta avec un air surpris ; puis, la femme de chambre, puis, la cuisinière avec son grand bonnet comme en portaient les dames romaines, d'où sortait un gros nez à la Roxelane, type remarquable, dans le Calvados ; mélange de la race des Danois avec les Aryas, qui coulait dans les veines de la célèbre sultane.

On ferma la grande porte, à clef ; le personnel de la maison étant rentré, nous cherchâmes le voleur, pendant une heure, depuis la cave jusqu'au grenier. Mon père était armé de son fusil de chasse ; les autres avaient des pistolets, des cannes, des balais, et moi, le grand sabre d'ordonnance de la garde nationale. N'ayant rien découvert, nous commençâmes à respirer et à réfléchir, ce qui était cependant bien naturel, que les voleurs ne devaient pas être restés à nous attendre.

Les voleurs avaient pris la fuite; chacun n'était pas moins ému de ce contre-temps. On pensait aux billets échus qu'il fallait payer le lendemain, sans pouvoir y satisfaire avec une caisse vide. Tout en partageant l'inquiétude de mes parents, j'étais agité et même décidé à ne pas rester dans ma chambre; l'employé était vis-à-vis, sur le même palier; j'entrai chez lui, sous prétexte de lui réclamer un petit pistolet en cuivre, que j'avais acheté pour m'exercer à la cible : il s'empressa de le charger et de m'offrir de coucher avec lui, ce que j'acceptai sans hésiter et sans me douter que j'étais dans le lit du coquin.

Mais je ne connus la vérité que cinq ans après mon départ du Havre. J'appris alors, sans en être bien surpris, que j'avais passé la nuit auprès du voleur, qui n'était autre que l'employé; la cuisinière, enceinte de ses œuvres, était sa complice. Mon père, en considération du parent, son ami, ne poursuivit pas cette affaire ; cet avare très riche qui lui avait promis le remboursement, négligea de satisfaire à cet engagement, en qualité d'ami : quant au commis, la cuisinière l'emmena dans son pays où le mariage fut légalisé.

Quelques années après ce mariage forcé, le séminariste que l'on avait chassé, hérita du parent, l'avare, et oublia que, dans sa jeunesse, il avait enlevé la caisse de son patron, détourné une grande quantité de café, de sucre et de tissus vendus à vil prix à des personnes qui en ignoraient la provenance et ne pouvaient déclarer le coupable.

J'ai raconté ce détournement, non pour son importance matérielle ; mon grand-père était notre providence qui comblait les déficits subis souvent ; mais à cause de la moralité du fait ; j'ai voulu démontrer que ce jeune homme élevé soigneusement par le curé de son village, sous la protection duquel il avait continué ses études au séminaire, est une preuve évidente que l'éducation religieuse n'est pas nécessaire pour

former un honnête homme comprenant ses devoirs de citoyen.

L'idée de faire craindre un Dieu, de lui adresser des prières afin d'éviter le mal au profit du
bien, a pris sa cause dans l'ignorance des phénomènes de la nature (la Bible dévoile ce phé-
nomène dans le soleil), cela ne fait aucun doute
pour ceux qui ont étudié les temps préhisto-
riques. Cette croyance à un être mystérieux a
été un aide civilisateur très contestable et quant
à mon opinion, j'ajouterai qu'il était mauvais ;
les tristes conséquences de ces mœurs superstitieuses l'ont prouvé aux hommes qui ont commencé à se soumettre à certains règlements,
lorsque les chefs de tribus voulaient leur donner des habitudes plus douces tout en les excitant
à massacrer un peuple d'une autre religion,
prendre son bien et souvent de le manger. Les
massacres et les sacrifices humains mentionnés
dans l'histoire des Hébreux, n'avaient pas d'autre origine. L'enseignement d'une morale métaphysique incompréhensible, dans le but véritable de rendre l'homme esclave d'un chef, devait avec le progrès de la civilisation, provo-

quer des guerres religieuses interminables, connues de l'antiquité, sans cesser jusqu'à nos jours.

Je ne veux pas répéter ce que j'ai déjà démontré dans les *Questions de philosophie et d'histoire*; je cite l'incident de mon séminariste, afin de faire comprendre que la religion est désormais impuissante ou du moins ne peut suffire à faire un homme moral, bon et honnête.

L'enfant élevé par des parents qui ne connaissent ni le mensonge ni le vol et ne savent que le bien, comprendra ses devoirs avec un raisonnement clair et précis, mieux que par la prière à laquelle il ne peut donner une attention sérieuse. — L'enfant grandira avec une force généreuse et franche que n'aura pas celui d'une mère dévote, ignorante de la morale sociale si nécessaire dans un peuple plein de haine et de passions fanatiques, le partage des femmes de France, en 1877.

Le temps me donnera raison. La foi au ciel s'en va; les ministres des religions le disent tous les jours; ces ministres, depuis longtemps, sont très incrédules sur ce qu'ils enseignent.

Dès lors, si on ne croit plus à un être mysté-rieux, à une existence future nullement assurée, l'homme sans les notions d'une morale naturelle, indépendante, ne peut être sérieux dans ses devoirs de citoyen. Nous sommes dans un moment de transition : il est plus que temps d'y remédier, le plus vite possible ; car la généra-tion qui a passé son existence à ne rien comprendre aux formules empruntées aux Indiens, vont se trouver dans la même position que les peuples de l'époque des empereurs romains.

Il existe en France deux écoles libres de toute attache religieuse, créées par madame Elisa Lemonnier. Cette femme de beaucoup de talent, de mérite, de bonté, est descendue dans la tombe, il y a quelques mois : je ne sais si elle est remplacée ; mais c'est un modèle digne d'être livré aux mères de famille, en raison du but obtenu.

La prière affaiblit l'esprit de celui qui s'y adonne, on demande à l'éternel l'impossible.

Je renvoie aux écrits du philosophe grec de Tyr, ceux qui veulent se rendre compte de l'utilité de la prière : le seigneur picard, comte de Créqui-Canaple connaissait ce philosophe, ce qui lui suggère de faire une requête au curé de sa paroisse, pour qu'il cesse de prier à son intention (1).

La nature sera toujours un secret dans l'humanité ; elle ne fera connaître, par des découvertes inattendues, que des causes secondaires pouvant surprendre notre esprit.

Y a-t-il une seule cause éternelle, intelligente, ou plusieurs causes avec des forces indépendantes? rien, rien n'est venu le révéler : nous n'avons que l'imagination des thaumaturges civilisateurs ou maladifs.

Nous ne savons rien au delà de l'humanité ; l'évidence prouve qu'on ne doit pas encourager un système d'éducation supranaturel; qu'il faut s'en tenir aux explications d'une faculté inhérente à tous les êtres, la curiosité, le désir de savoir.

L'homme fait partie de l'immensité animée; il y est avec ses facultés nécessaires, avec son intelligence supérieure comme le serpent a son

(1) Voir la philosophie de Voltaire. Les descendants du comte de Créqui-Canaple habitent Abbeville.

poison. Il est impossible de conclure que cette intelligence plus redoutable que celle des autres animaux, soit une preuve que, seule, elle ait le privilège d'inventer, puis, de prier un être éternel placé par son désir, dans un coin de l'univers comme un saint dans une niche.

Les enfants, je le répète, auront une conscience plus probe que les citoyens qui ont appris des formules religieuses bouleversant leur cerveau par le fanatisme, au détriment de la raison qui les maintient dans la limite posée par la nature.

Le raisonnement pur n'exclut pas le respect que nous devons avoir devant les phénomènes merveilleux qui se dévoilent à nos yeux : l'éducation positive assure à l'homme ce sentiment qui le rend bon, sympathique à tout ce qui existe avec lui.

Je m'aperçois que cette digression un peu longue, mais nécessaire, a interrompu mon récit sur mes préparatifs de voyage pour aller en Alsace. A Paris, nous attendîmes une semaine pour obtenir une place dans les diligences Lafitte et Caillard qui, en 1831, partaient le soir

et le matin de la rue Saint-Honoré ou Mont-
martre ; j'eus la faveur, comme je l'ai relaté
plus loin, d'être placé sur l'impériale, au même
prix que les troisièmes des chemins de fer
(quand pourra-t-on voyager sans une grande
dépense ?). Avant d'arriver à Nancy, aux rues
larges et symétriques, à une distance d'environ
vingt lieues ; ayant passé deux nuits sans dormir, paralysé par le froid ; le conducteur prenant en pitié ma position critique, pria les
dames de l'intérieur de me recevoir en se pres-
sant un peu ; on me plaça à côté d'une jeune fille
de mon âge qui allait achever ses études dans un
pensionnat de Nancy : cette petite pensionnaire,
avec la permission de sa mère, me couvrit si
bien des pieds à la tête, que je disparus entièrement dans ses vêtements.

Arrivé au collège de la ville de Thann (sapin)
située au milieu d'immenses forêts de sapins,
on peut concevoir ce que j'éprouvais dans l'attente d'être enfermé cinq ou six ans au fond
d'une vallée malsaine des Vosges, entourée de
hautes montagnes qui regardent mélancolique-
ment les Alpes couronnées de neiges éternelles ;

cloîtré entre quatre murs où l'on ne parlait qu'en allemand : je disais en soupirant : *Carcere duro*, funeste destin !

Je me mis à l'œuvre avec une énergie extraordinaire : j'employais mes heures de récréation à étudier, à lire : dans toutes mes compositions françaises et latines de la classe de sixième, j'avais conquis la première place que j'ai conservée jusqu'aux vacances. A la distribution des récompenses, pour ne pas décourager mes camarades, je fus mis hors concours et l'on me donna un prix unique, le prix d'honneur.

A la fin des vacances, qui n'avaient été pour moi qu'une étude continuelle et forcée, je fus jugé assez fort en thème pour suivre les cours de la quatrième classe : cet essai pouvait m'être défavorable ; stimulé par l'amour-propre, je luttai avec avantage contre des élèves plus anciens dans le grec et le latin ; je remportais plus tard les prix de version, de géométrie, de rhétorique et de philosophie.

Les élèves de rhétorique et de philosophie avaient les mêmes privilèges que ceux de l'Alle-

magne : nous avions une chambre particulière
et la permission de sortir dans la ville ; nous
ne pouvions profiter que très rarement de cette
liberté. Nos travaux incessants ne laissaient
que le temps de prendre les repas ; nous nous
levions à quatre heùres du matin en été, et à
cinq heures en hiver ; à dix heures du soir
on était encore à l'étude, sans pouvoir terminer les nombreuses leçons données à chaque
heure du jour (1).

J'ai cru devoir donner ces détails du travail
d'un collégien, aux personnes qui n'ont pas eu à
subir dans leur jeunesse des travaux excessifs,
afin qu'elles comprennent bien que pour acqué-
rir les éléments de la science, il en coûte plus à la
santé qu'à la bourse. Depuis une vingtaine d'années, on a essayé quelques timides améliorations
pour les études et l'hygiène ; ce ne sont que des
réformes insignifiantes, selon l'habitude de pro-
céder en France. Toujours est-il qu'à la fin de
ma dernière année, je tombai malade ; les méde-

(1) Mathématiques, philosophie, anatomie, botanique,
dessin, physique, musique, gymnastique, danse, escrime, langue allemande, italienne, etc., etc.

cins ordonnèrent un changement d'air immédiat.

En 1835, mon grand-père paternel que j'affectionnais beaucoup venait de mourir à l'âge de quatre-vingt-six ans; tout contribua, avec mon indisposition, à me faire revenir dans ma ville natale. Je ne perdis pas mon temps, comme bien des jeunes gens, en quittant le collège. Mes soirées et mes instants étaient consacrés à continuer mes études sur la philosophie, la théologie, la littérature, la physique, la chimie, l'anatomie et la médecine dont j'ai suivi les cours avec intérêt, à Orléans et à Brest.

Je reviens à mes moutons, à mon collège. On ne devrait pas rester dans une routine classique décrépite. Si après dix ans mal employés, on voyait sortir de ces tristes prisons, de nombreux élèves instruits et robustes, une réforme radicale ne serait peut-être pas urgente. Sur cent garçons, cinquante parviennent à l'âge de dix-sept à dix-huit ans, avec l'esprit et le corps sains, capables d'entreprendre une carrière pénible. Le petit nombre qui a réussi ne doit sa capacité scientifique qu'à la nature qui les a fortement dotés : la méthode universitaire très défectueuse ne les a pas aidés ; ils y ont suppléé avec leur intelligence ; en outre, les bons professeurs sont encore rares : sur cinquante élèves, il faut compter au moins vingt enfants d'ouvriers ou de paysans riches.

Le pensionnat doit être réformé ; j'ai fait l'épreuve de ce mauvais système, de même que ma fille ; sa position exceptionnelle me contraignait, j'en avais grand regret, de la laisser pensionnaire. Dans certaines localités de l'Allemagne et de l'Angleterre, il n'y a que des externats ; les résultats en sont bons. L'enseignement des collèges, partagé en deux catégories, de manière à faire un enchaînement sans interruption, serait préférable. De l'âge de dix à quatorze ans, écriture, lecture, orthographe, compositions littéraires, arithmétique, langues vivantes exprimées et non traduites, l'art de parler en public seraient l'enseignement obligatoire. Pour les études secondaires, un examen admettrait jusqu'à l'âge de dix-sept ans : ces trois ans seraient employés à étudier les langues anciennes, à traduire correctement les langues vivantes, puis, la physique, la chimie, les mathématiques, la réthorique et la philosophie; chaque élève sortant serait muni d'un certificat d'études qui lui faciliterait les grades supérieurs.

L'Alsace est une belle contrée, bien cultivée, que je désire revoir encore; ses habitants sont généreux et hospitaliers : il faut, cependant, se défier de son climat, rude en toutes saisons; dix-huit degrés en hiver et quarante degrés en été, avec des orages effrayants qui brûlent les maisons et les forêts.

L'Alsacien a les souvenirs de sa race; c'est un mélange de Gaulois, de Francks-Ripuaires et d'Allemands; il en a conservé la rudesse; son caractère est un peu querelleur, très guerrier; son aptitude, ses facultés le portent particulièrement aux choses positives, exactes; aussi tout le pays vosgien et rhénan est couvert de filatures, de forges, hauts-fourneaux, fabriques de machines à vapeur, de produits chimiques, de verreries, de fromages, etc. Les artistes mettent leur talent aux arts industriels : dans les villages, il y a un monument, ce monument est une fabrique qui fait vivre les habitants;

mais pour ce qui est œuvre d'imagination, goût ou littérature, savoir parler et aimer, l'Alsacien n'y entend rien. Son esprit est comme son terrain accidenté de montagnes élevées où il est né, où il se plaît et veut rester ; il est à l'unisson de ses champs de houblon qui lui font boire de la bière à l'excès, boisson froide, indigeste. Voilà ce qui explique (mon mérite y perd ; je préfère dire la vérité) ma médiocrité, en Normandie, lorsqu'en Alsace, j'obtenais des succès soutenus, inespérés, stimulés en outre par l'amour-propre que ces triomphes scolaires, faciles, faisaient naître.

Une diversion à mes études est venue me distraire au milieu de cette longue uniformité du pensionnat où pendant dix mois de l'année, les jours se ressemblent exactement comme une messe que le prêtre est forcé de répéter tous les matins avant son déjeuner ; cet incident de mon adolescence est un amour de petite fille, amour sentimental et charmant, qu'on ne peut oublier au milieu des difficultés d'une longue existence. Je vais le raconter, en évitant les détails qui n'ont pas d'intérêt.

Les grandes vacances commençaient en Alsace, le premier septembre, afin de laisser les élèves assister aux vendanges, la grande affaire d'un pays vignoble. Le jour de la récolte, les vignerons invitent leurs amis, leurs connaissances à venir dans les vignes, pendant trois jours : on boit du vin blanc nouveau, on mange des raisins à discrétion (les propriétaires savent qu'il est impossible d'en manger beaucoup, surtout en buvant du vin nouveau) ; les gâteaux appétissants excitent la gourmandise ; puis il faut valser toute la nuit, ce qui fait digérer l'énorme quantité de vivres engloutis dans l'estomac complaisant. Je laisse deviner ce qui doit se passer entre les jeunes gens échauffés par le vin et les Alsaciennes au cœur tendre.

J'avais un bon camarade ; son père, possesseur de vignes, m'invita aux vendanges et me retint pendant toutes les vacances, dans son pays situé au milieu des plus hautes montagnes des Vosges, non loin des deux ballons (1). Le village est un véritable nid d'amour, inconnu même

(1) Le nom de ballon est donné aux deux plus hautes montagnes des Vosges.

d'une grande partie de l'Alsace; il a nom
Oberbrouck; en français, au delà du pont : ce
nom tire probablement son origine de la petite rivière qui traverse son territoire; à l'époque où il n'y avait pas de route, on devait désigner cette localité par cette simple locution.
La nature a prodigué ses merveilles pour embellir Oberbrouck par des forêts de sapins
dont la verdure éternelle embaume l'air pur et
doux, des jardins et des bosquets à profusion
d'où jaillissent des sources d'eau limpide comme
le cristal, des bassins naturels où vivent des
poissons de toute espèce, des vergers avec des
fruits en abondance, des prairies arrosées par
des lacs, grands réservoirs placés au haut des
montagnes, que l'on croirait creusés pour donner la fraîcheur en été aux habitants de ce ha-
meau isolé, préservé en hiver des vents glacials
du nord.

C'est dans ce paradis terrestre, dans la jolie
villa d'une petite demoiselle de huit ans, qui
était aussi en vacances, que j'ai fait un séjour
de deux mois de bonheur. La maison située au
bas d'une montagne, était habitée par un riche

filateur de coton ; il devait sa fortune à son travail et à son intelligence, et ce qui le rendait encore plus heureux dans sa vieillesse, c'était l'amitié de sa femme et le dévouement de ses enfants ; un fils et trois filles : mon camarade de classes était à peu près de mon âge ; sa sœur aînée avait seize ans ; la cadette, la petite fille de huit ans, me comblait des plaisirs que l'on peut désirer à quatorze ans. Par l'effet du hasard, nous avions le même petit nom : la mère était heureuse de voir les jeux et les espiègleries de Jules et de Julie. L'aimable enfant avait déjà des traits bien accentués, d'une beauté rare en Alsace ; ses longs cheveux châtain-clair tombant sur le dos, en tresses, à la mode des Suissesses, ses grands yeux bleus brillants sous des cils bien fournis, que faisait ressortir son teint mat, composaient ces jeunes attraits parfumés de cette volupté des sentiments les plus purs qui effleurent l'amour sans le provoquer.

Aux repas j'étais auprès de Julie ; nous ne nous quittions pas une seule minute ; Julie connaissait le pays et ses environs ; elle en profitait pour demander à sa maman de me faire connaître les curiosités des montagnes de son village. La maman était enchantée d'une si grande amitié; pouvait-on prévoir que cette innocente liaison d'enfant allait se changer en amour passionné et bientôt compromettre la santé de sa fille?

Nous allions comme deux amants de vingt ans nous asseoir sur les tapis de mousse, à l'ombre des chênes centenaires, au milieu de gigantesques pierres druidiques : là, seuls, n'ayant pour témoin de notre amour qu'une nature imposante, nous parlions de nos projets de mariage : Julie était triste en me disant qu'il lui fallait attendre sept ans, avoir une dot pour me donner une étude de notaire; elle me choisissait ma future fonction : après ces petits entretiens qui étaient aussitôt divulgués, on se faisait des serments d'amour et de fidélité. Sa conversation était d'une personne au-dessus de son âge; elle devenait plus sérieuse et animée; elle m'écrivait le matin ses pensées et ses rêves de la nuit ; puis, cette chère enfant m'offrait à mon réveil, des bouquets, des rubans, des souvenirs.

J'étais heureux d'être aimé, bonheur fugitif
de la vie; je jouissais au milieu de l'abondance
et de la richesse de cette honnête famille, de
tous les enchantements qu'un poëte peut souhaiter; mais à cette époque de première jeunesse,
mon esprit n'était nullement porté à la poésie;
mes classes étaient trop multiples, trop fati-
gantes, ce qui occasionnait une langueur sans
souffrance dans mon cerveau : cet engourdisse-
ment devait provenir de la nourriture pâteuse
et de la choucroute; de la bière et de l'eau sau-
mâtre des puits.

A la fin des vacances, la petite fille ne dormait plus; de grosses larmes tombaient sur ses
joues, avec l'abondance de son jeune âge; ses
yeux étaient ternes depuis que je lui avais appris
notre séparation pour ne nous revoir que dans
un an... Julie me mettait les mains dans ses
petites mains en me faisant promettre de lui
rester fidèle, de lui écrire souvent :

— Si vous ne revenez pas, en accentuant ses
paroles d'un air résolu, je tomberai malade
pour en mourir !

Elle disait vrai : ma petite Julie fut sérieuse-

ment malade. La maman étonnée d'un attachement si extraordinaire, employa la ruse à son
regret, pour nous éloigner. Une tante, sa marraine, qu'elle aimait beaucoup, fit le voyage de
Massevaux (1); cette tante devait l'emmener
chez elle et lui persuader que sa présence était
nécessaire, avant de rentrer à sa pension de
Massevaux : je l'engageais moi-même à partir ;
on eut bien des difficultés à la déterminer. Ses
hésitations durèrent trois jours ; voyant le chagrin dont elle était la cause, avec une résolution
désespérée, cette charmante enfant sauta dans
mes bras pour m'embrasser. C'était la première
fois que je recevais un baiser, ce devait être,
hélas! le dernier.

Le départ fut un deuil dans la maison ; je
rentrais avec son frère à notre collège, qui me
parut plus triste, plus ennuyeux. Il y avait un
mois que nous étions assis sur les bancs, lorsque
la mère de la petite fille vint dans l'intention
de nous consoler : madame X... était chargée
de cadeaux avec une lettre; une tresse de che-

(1) Massevaux, petite ville située à deux lieues
d'Oberbrouck.

veux, un porte-montre, une bourse en perles à
mes initiales, des bonbons, des confitures. La
bonne mère m'apprit que sa fille avait été très
malade : on lui avait promis d'aller me voir, de
m'offrir ses présents, ses souvenirs, afin d'activer la guérison et de la rendre plus raisonnable.
Madame X... me fit écrire une lettre qui lui donnait l'espoir de me revoir bientôt : en prenant
mon épître, elle me dit :

— Si Julie est plus malade, une voiture sera
à votre disposition, vous resterez, avec la permission du Principal, jusqu'à sa guérison.

Le temps calme les souffrances physiques et
morales, quand la souffrance ne vous tue pas.
La petite Julie était triste et rêveuse. Aux
grandes vacances de l'année suivante, elle versait encore quelques larmes, en passant par les
endroits qui lui rappelaient nos projets; je la
payais bien de retour : nos adieux avaient
pénétré mon cœur; je me voyais continuellement près d'elle et de ses bons parents; je tra-
vaillais pour mériter son amitié.

Le destin en avait décidé autrement : la famille, avec une prudence louable, ne voulut pas

nous faire rencontrer une seconde fois. J'avais achevé mon cours de philosophie et obtenu le premier prix ; l'espoir de me faire couronner par mon amie y avait contribué ; elle ne vint pas à la distribution des récompenses. Je partis sans avoir eu la satisfaction de voir les traits de Julie qui devait se marier à seize ans. Cette chère enfant a été un de mes plus doux souvenirs ; il me suivra toujours... Les échos de cette belle vallée solitaire, les sentiers ombreux et verdoyants, les grandes pierres druidiques de la montagne du Puppelestein (1), n'entendront plus de longtemps les paroles d'espérance et d'amour de deux amants si jeunes et si naïfs de sentiment.

Je ne veux pas sortir des montagnes des Vosges sans donner un souvenir à l'industrieuse et rustique Alsace ; sans remercier, non mes parents de m'avoir enfermé pendant cinq

(1) Puppelestein ou Puppestein, dérivé du latin *pupa* (petit enfant) et de l'allemand *stein* (pierre). Cette pierre celtique servait aux sacrifices humains en l'honneur du Dieu Hu. Dans mes *Questions de Philosophie et d'Histoire* l'imprimeur ne pouvant composer le mot en allemand, l'a imprimé en caractères grecs (Ποβειςτειν), voir page 103.

ans dans une prison d'études qui dépendait avant 1789 du vieux manoir des marquis de Klepsatel; mais les habitants dont les mœurs sont les mêmes que celles de leurs voisins les Suisses et qui ont adopté leurs habitudes d'économie. Les hommes sont d'une nature qui se rencontre sur toute la frontière du Rhin, superstitieuse, franche, humble et discrète; cette disposition provient des longues souffrances que ces contrées malheureuses enduraient depuis le commencement du moyen âge jusqu'en 1870, probablement la dernière funeste et sotte guerre qui nous a séparés de nos chers compatriotes.

Pendant quinze cents ans, à travers ces longs siècles, que de guerres, de massacres, ces peuples voués à la misère la plus affreuse, ont été forcés de subir, au milieu de ces nombreuses armées luttant sur leur grand fleuve : l'Alsacien qui ne comprenait pas la langue de ces barbares, naissait avec un instinct guerrier ; l'on sait qu'il était un de nos meilleurs soldats.

Le jeu le plus attrayant de leurs enfants est de se battre en éludant la surveillance de la police ; les villages et les villes livrent de temps en temps de véritables combats à coups de pierres ; la bataille ne se termine que lorsqu'il y a eu plusieurs blessés restés sur le carreau.

Un peuple guerrier est matériel ; l'art de battre, de combattre, de tuer, de massacrer, est un métier qui rend l'homme féroce et le fait rétrograder vers ses ancêtres : il lui faut avant tout ce qui est nécessaire à la satisfaction de ses sens ; cette existence positive l'éloigne de la littérature. Je ne puis citer parmi le petit nombre d'écrivains, que le poëte Andrieux, Marie Ratisbonne, Erkmann, Chatrian, Jean et Charles Dolfus et mon ami Constant Zeller qui, dès l'âge de quinze ans, attirait l'attention des Thannois par de très jolies poésies : c'est bien peu ; mais par compensation, vingt, trente généraux célèbres ont illustré l'Alsace (1) : beaucoup de musiciens plus habiles instrumentistes que compositeurs.

L'Alsacien est plus hospitalier que le Bas-Breton du Finistère ; il est aussi plus propre,

(1) Alsace, de *Al*, sectateur, et *sace*, sacré. Sectateurs d'une divinité de l'Asie.

plus laborieux ; il travaille et accomplit son devoir avec conscience. La jeune Alsacienne est plus libre d'allures, plus expansive que les femmes du centre de la France ; elle est tout amour, et son dévouement est sans bornes ; ce qui est en compensation de sa beauté médiocre : l'air humide des vallées et l'air vif des montagnes en sont peut-être la cause. La femme mariée peut rivaliser de fidélité avec l'Autrichienne qui résume toutes les vertus conjugales : on a donc pu sans crainte établir le divorce en Autriche : cette loi, ce remède nécessaire et rationnel aux misères des conjoints, est à l'étude dans la Hongrie : en tout cas, le contact du protestantisme les y forcera tôt ou tard.

CHAPITRE QUATRIÈME

Au mois d'octobre 1835, délivré du collège, en cette année, il y avait encore quelques bonapartistes et beaucoup trop d'admirateurs de son génie ; les militaires et les fils du sabre parlaient avec enthousiasme de ce héros de la folie des batailles : ils n'auraient cependant pas voulu recommencer les massacres interminables : le règne guerrier du neveu a prouvé que pour avoir la victoire, il faut trois choses essentielles : une idée *juste*, des soldats *aguerris* et des généraux *habiles*.

Les partisans des trônes et de l'autel trompent le peuple en lui faisant accroire que les princes déclarent la guerre pour son honneur et son bien-être ; pauvres moutons !

Quelle a été la suite des guerres de Louis XIV et des deux Napoléons ? la misère et l'amoindrissement du territoire français : en 1870, dix mille petits commerçants ont été ruinés ; nous avons perdu l'Alsace et la Lorraine. C'est une erreur de croire que les guerres sont inévitables, qu'elles sont faites à la grande satisfaction du peuple dans l'ignorance du vrai motif pour lequel il donne sa vie. Sans doute, elle est nécessaire quand on est attaqué comme en 1793 ; ce sont des exceptions très rares.

Le roi Louis-Philippe a pu régner dix-huit ans sans guerres avec ses voisins ; pendant dix-huit ans, les provocations n'ont pas manqué ; mais la sagesse disait au roi : ni révolution ni guerres. Le peuple ne l'a pas oublié, il lui réserve dans l'histoire la première place parmi les souverains qui ont épargné son sang. Le prince avait au commencement de son règne des idées libérales ; les complots et les attentats devaient modifier son bon vouloir : ces attentats attribués aux jésuites ennemis des libres-penseurs, étaient suscités par des Italiens exilés qui avaient en haine les Autrichiens.

De 1830 à 1838, le gouvernement était favorable à la liberté ; il eût été progressif si le char de l'État n'avait été accaparé par deux grands orateurs, Guizot et Thiers. La noblesse qui entourait le roi suscitait bien quelques chicanes timides ; le citoyen jouissait alors de la plus grande indépendance qu'on puisse désirer sous le règne d'un Bourbon.

Dans les réunions publiques, dans les cafés peu fréquentés, ne faisant que de petites affaires, on ne se gênait pas ; chacun exprimait son avis dans les conversations politiques, parfois très animées ; les républicains, les légitimistes et bonapartistes conspiraient sur la place, sans s'inquiéter d'une police secrète occupée d'arrêter les malfaiteurs, laissant les bourgeois discuter la valeur des discours de nos députés chansonnés par Béranger.

Les Français n'ont jamais été, comme on l'a prétendu, des conspirateurs sérieux ; la franchise était en général dans leur caractère qui agit ouvertement, spontanément : depuis, il faut l'avouer, le jésuitisme qui l'enserre l'a gâté beaucoup. Chez quelques peuples de l'Europe, le contraire a lieu ; ils méditent en secret pendant de longues années l'acte illégal qu'ils veulent commettre. Dans les premières années de la monarchie de 1830, malgré les lois qui mettaient obstacle à l'évolution du commerce et des sciences, on avait, je le répète, une grande liberté de parler et d'écrire. La librairie et le colportage se faisaient largement; Toulouse était devenu le centre d'une propagande de livres à bon marché; on voyait des marchands ambulants dans les moindres hameaux de la France répandre la vérité, la science et l'histoire.

Les ministres pouvaient étudier les moyens de donner le bien-être au peuple, sans perdre un temps précieux à faire de beaux discours diplomatiques : ils auraient employé ces dix-huit ans de paix et d'économie à construire les chemins de fer, creuser les canaux, proclamer la libre concurrence des grains et des industries, stimulée par l'instruction : ces lois mises en pratique, la famille d'Orléans serait encore sur le trône de ses ancêtres. La République seule aura la gloire de réparer les erreurs des autres gouvernements.

Les ministres Casimir Périer et Jacques Laffitte convenaient à Louis-Philippe ; le roi avait peur des révolutions qu'il se contentait de craindre ; cette inertie hâta le soulèvement de 1848. Dans ces conditions d'une quiétude imprudente, à courte vue, sa confiance reposait sur trois orateurs formalistes, nullement savants et point philosophes : leur prédilection était pour la classe riche et noble ; quant au peuple, ils le considéraient comme ayant obtenu le meilleur mode de vivre. Les trois orateurs, hommes peu galants, avaient tort de mépriser madame de Genlis qui connaissait bien son élève auquel elle osa écrire qu'il était *incapable d'être roi.*

Guizot, Thiers et Odilon-Barrot avaient beaucoup d'esprit ; leur intelligence était enveloppée d'un amour-propre excessif, orgueilleux, égoïste, sans prévoyance et sans la moindre parcelle du génie de Mirabeau. Le gouvernement enfermé dans un cercle infranchissable devait se disloquer avec l'aide poétique de Lamartine et le grand talent politique de Ledru-Rollin ; ce dernier, dès le mois d'août 1841, dans ses discours concis, clairs, énergiques, lançait des vérités, frappant avec habileté et laissant la conscience des ministres et des députés de la droite sous des impressions sinistres d'un avenir qui devait s'accomplir forcément peu d'années après.

Guizot, le doctrinaire en chef, le professeur austère, orateur éminent, n'avait aucune capacité administrative : il est mort en 1873, à plus de quatre-vingts ans, déjà oublié ; l'histoire n'en fera mention que pour mettre en évidence son peu de sens politique et son dédain pour la démocratie (1).

Odilon-Barrot était la parodie du vicomte de Chateaubriand ; il n'a même pas été un orateur sérieux.

Thiers, le plus jeune, le plus remuant et intrigant, doué d'un véritable talent oratoire, avait une odeur de patriote-libéral qui lui réservait de rapides succès. Lui attribuer un seul progrès politique, une réforme administrative et son dévouement sincère aux libertés de la France, cela serait difficile à prouver. Les fortifications de Paris sont l'œuvre capitale de son aptitude

(1) Guizot avait le défaut de ne pas parler français ; c'était le moindre de ses défauts. M. Guizot n'a jamais été un écrivain, ou si l'on aime mieux, il n'a jamais été que le premier des écrivains qui ne savent pas le français. Sur ce point comme sur tant d'autres, il a fait illusion. Il a l'apparence du style ; mais il n'en a que l'apparence.

(Ed. SCHERER : *Nouvelles Études sur la littérature*).

militaire et de son respect pour le système Vauban. La génération de 1840 se souvient que les cent millions furent demandés et votés dans un but politique, non pour se prémunir contre une invasion étrangère que le gouvernement était loin de provoquer : ces constructions d'un autre âge, devenues inutiles devant l'ennemi vainqueur, n'avaient plus la faveur de l'opinion publique. Ses votes, pendant une longue carrière parlementaire, ont été opposés à l'évolution des idées modernes, l'établissement des chemins de fer et la liberté du commerce (1) : il lui a fallu dix ans de réflexions sur la possibilité de former des nationalités et d'admettre une nation italienne. Thiers, libre-penseur, soutient le pouvoir temporel des papes : en 1870, il combat avec toute sa belle éloquence la déclaration de guerre à la Prusse ; son vote définitif est en faveur de cette agression absurde ; son habitude est de se contredire. Enfin à l'âge

____

(1) Le libre-échange donne la prospérité du commerce, la vie à bon marché, le bien-être d'une nation : l'impôt sur les produits étrangers est l'ennemi du progrès et de la liberté, la richesse de quelques citoyens, le monopole de la routine aux dépens de tous.

10.

de soixante-dix-huit ans, son attitude toujours hésitante le force de quitter le pouvoir présidentiel, il devient républicain et reconnaît, mais toujours trop tard, que le bien-être d'un peuple se trouve avec la liberté et la libre concurrence. On peut dire de lui : c'est un grand patriote, qui a eu le mérite d'avouer ses erreurs.

Au Havre, en 1836, où j'étais de retour après une absence de cinq ans, on pétitionnait, on réclamait, on rédigeait des mémoires pour obtenir la destruction de la triple enceinte enfermant et gênant le commerce de cette ville. Les fossés infects, conservés précieusement, étaient la cause de maladies qui excitaient les plaintes des habitants. Les Havrais, pendant plus de quinze ans, ont dépensé leur encre et leur argent afin de démontrer au roi-bourgeois et à ses ministres que les villes ne devaient plus être fortifiées comme au moyen âge ; que leurs habitants ne devaient pas supporter les conséquences d'un siège ; être exposés aux massacres et à mourir de faim. Vraiment, le Havre, ce fournisseur exceptionnel de la grande consommation d'une partie de l'Europe, était mal venu de solliciter l'abolition d'une vieille routine militaire, d'envoyer M. Massas, homme de lettres distingué, vérificateur des douanes, à Louis-Philippe qui n'y comprenait rien, même avec ses ministres de la guerre, vieux généraux de l'empire, avec Thiers, président du conseil, lequel Thiers allait bientôt faire subir le sort d'une enceinte fortifiée à la capitale.

Eh bien, l'erreur a été prouvée par une révolution, ensuite, par un simple ingénieur qui osa dire à Napoléon III, d'abandonner le système Vauban ; les forts détachés, loin des habitations, pouvant avoir une plus grande utilité de défense. Dès lors, les villes du Havre, de Lille, d'Abbeville et autres cités purent s'étendre à leur aise. La guerre de 1870 a mis en évidence ce que je viens d'expliquer : ce vieux moyen d'arrêter l'ennemi, était une barbarie que l'on doit mettre au compte de l'administration qui n'admet pas facilement une amélioration. Il fallait attendre la rude leçon des Prussiens.

Je reviens à mes petits moutons, à mes souvenirs de la sortie de ma prison d'étude. Mon grand-père Tréfouël venait de mourir ; il résumait pour moi toute la famille ; mon collège n'étant plus payé, on ne pouvait me retenir sans le consentement de mon père. Le Principal avait le désir de me procurer un emploi de répétiteur ou de précepteur dans une famille allemande ; mais avant tout, il me fallait du repos, un changement de climat.

Un an de calme et d'exercices rétablit ma santé : une ophthalmie que j'avais depuis longtemps était moins pénible ; j'aurais obtenu une guérison plus prompte, si mon père, après l'avis d'un oculiste, ne m'avait accoutumé à porter des lunettes bleues ; mauvais remède. Peu à peu je sentis ma vigueur renaître avec l'achèvement de la croissance ; elle ne m'a plus quittée jusqu'à l'extrême vieillesse, ce qui est un bienfait inappréciable de la nature ; je l'en remercie. Les médecins ont l'habitude d'envoyer leurs malades, lorsqu'ils ne trouvent plus de remèdes, en Italie, en Suisse, sur la frontière de l'Espagne : si les malades ne sont pas bien constitués, ils succombent immédiatement. Les grandes chaleurs débilitantes, l'air humide des montagnes, sursaturé d'une poussière animée, la mauvaise qualité des eaux contenant des minéraux nuisibles, empêchent la guérison et hâtent un dénoûment fatal. Les environs de Paris et les ports de mer du nord-ouest sont ce qu'il y a de mieux et de moins coûteux pour obtenir la santé.

Au domicile paternel, j'étais orphelin : mon père ne savait pas préparer l'avenir de ses enfants ; ma belle-mère ne s'occupait naturellement que de son jeune fils. J'étais très embarrassé. J'essayai du notariat ; mon écriture de collégien, illisible, ne pouvait m'assurer du succès ; il n'était pas certain que mon père consentirait à m'acheter une étude. Chez un négociant mon écriture me mettait encore dans la même situation ; rien n'est plus insipide, monotone que l'intérieur d'un bureau d'armateur. Ennuyé de toutes ces paperasses, mon père voyant mon inquiétude, voulut bien me permettre d'aller chez sa sœur, à Rouen, qui déjà jouissait d'une belle fortune. Je cherchai un emploi plus agréable dans le commerce de la rouennerie ou dans une filature de coton la richesse de la capitale normande : je débarrassais ainsi ma belle-mère de ma présence qui ne lui était pas agréable. A Rouen, je rencontrai des obstacles; on exigeait chez M. Brigalant, un de mes cousins, une pension de cent francs par mois, pendant deux ans : mon père n'accepta pas ces conditions onéreuses. Enfin, le beau-frère Cord'homme chez lequel j'avais été reçu comme un fils, me conseilla un emploi dans une administration du ministère des finances.

Il s'agissait d'un examen, d'un programme que l'on exige pour un instituteur du premier degré : il y avait deux ans que j'étais sorti du collège. Je fus reçu sous condition de réformer mon écriture. Trois mois furent consacrés à des leçons; mais bast! malgré toute mon application, je n'avais qu'une écriture médiocre; cependant, je dessinais agréablement le paysage. Mon vieux professeur m'avoua qu'il n'avait jamais pu obtenir une belle écriture qu'aux élèves doués de ce don de la nature; dès l'âge de six ans, on admirait son griffonnage. Mon maître, officier d'Académie, envoya le spécimen le mieux réussi, au directeur général qui me nomma, par le même courrier, surnuméraire. Je me rendis aussitôt à Paris, avec mon cousin Bérigny, inspecteur général des ponts et chaussées, pour remercier ce chef supérieur, en le priant de ne pas m'oublier dans mes fonctions gratuites pour l'Etat.

Nous étions en l'année 1838 ; la noblesse légitimiste s'était ralliée en partie, au gouvernement des d'Orléans ; elle se rapprochait volontiers, les grands jours de fêtes, de la bourgeoisie, des fonctionnaires et des ouvriers. On dansait, on festoyait, on fraternisait sur la place publique, sans aucune contrainte comme au bon vieux temps. Le roi-bourgeois, bon père de famille mariait richement ses enfants ; mais il avait le tort comme ses ancêtres de négliger sa grande famille d'adoption, dont les idées n'étaient pas, il s'en fallait, en harmonie avec celles des Tuileries où l'on se croyait bien assis. Les ministres accueillaient avec bienveillance les protégés des députés, surtout les gros financiers qui bientôt devaient diriger la chose publique. Les simples citoyens sollicitant des audiences, ne devaient plus avoir accès auprès des excellences, et leurs réclamations resteront sans réponse. Le flot de la démocratie avançait sans avoir pour modérateur un pilote éclairé; l'instruction élémentaire ne sortait pas de la routine, la morale devenait complètement religieuse; la révolution de 1848 qui en a été la conséquence, n'a pas répondu aux aspirations des hommes énergiques, prodigues de leur santé et de leur fortune.

L'éducation et l'instruction des femmes étaient à faire : nous voici en 1878; tout est resté sans modification depuis 1835 : il est plus que temps de commencer si on ne veut pas que la barque de la République sombre dans le giron de l'Église.

La femme est la pierre fondamentale des mœurs d'une nation : hâtons-nous de donner aux jeunes filles une instruction solide, laïque qui se propagera dans leurs enfants.

L'historien Capefigue, écrivain de talent, aux sentiments monarchiques et religieux, n'était pas de cet avis: ce qui prouve que pour écrire la vérité, il faut être libre de tout système idéaliste. Il ne voulait pas l'instruction pour les femmes qu'il plaisante beaucoup, en présence

des mœurs dépravées des grandes dames lettrées des dix-septième et dix-huitième siècles.

Il fait cette réflexion à propos des amies des
philosophes : « Pourquoi ces dames nobles,
« spirituelles, instruites et libres-penseuses, se
« sont laissées aller à une ardeur passionnée
« pour l'homme? »

Les femmes lettrées, écrit-il naïvement :
« aimer n'était pour elles qu'une affaire des
« sens, de distraction et de renommée. »

De renommée : ceci n'est pas exact. A
l'époque de la sentimentale madame de Dudef-
fant, les amants étaient si discrets que les personnes admises dans ces brillants salons de
l'esprit, de la beauté, connaissaient rarement
l'élu de l'alcôve; mais la vérité détruisait le
système de Capefigue qui n'avait d'autres raisons sérieuses que dans une mauvaise éducation maternelle et religieuse formée dans les
cloîtres, livrée aux Jésuites pendant tout le
reste de leur existence.

Capefigue, plus clérical que philosophe, est
un historien partial; il ose écrire que les savants du dix-huitième siècle ne sont plus lus

par les lettrés du dix-neuvième siècle; mais Capefigue est déjà oublié; Voltaire et Rousseau ne le seront jamais.

De 1839 à 1840, j'étais dans un chef-lieu de préfecture. L'aristocratie de la petite ville était représentée par une bonne et ancienne noblesse bretonne parmi laquelle figurait avec distinction mademoiselle de Grimaudet, nièce du général ministre de la guerre, en 1877. Au début de mes fonctions, cette noblesse recherchait encore les emplois du gouvernement : il suffisait d'être fonctionnaire pour être reçu dans ce que l'on est convenu d'appeler le grand monde. Les bureaux des administrations de l'Etat étaient composés de jeunes gens de familles riches et très instruits : on pouvait se féliciter d'appartenir à un gouvernement qui, s'il ne donnait ni argent ni avancement à ses employés, les faisait respecter en les laissant libres de leurs actions et de leurs paroles; la police n'avait pas mission de les surveiller. Le peuple commençait à s'habituer à la liberté des réunions, à entendre, sans danger pour la patrie, tous les systèmes philosophiques, toutes les utopies des communistes, des Cabets et des Saint-Simoniens ; mais le temps marche, les hommes changent ; Guizot et Thiers sont venus avec leur bagage de pédagogie doctrinaire. Puis, dès 1841, on est rentré dans l'ornière : cependant, Strasbourg venait de célébrer le quatrième centenaire de l'invention de l'imprimerie qui a fait progresser rapidement l'humanité.

Au lieu d'aller en avant, une reculade était faite ; l'on interrogeait l'avenir, en voyant avec regret la cour et le gouvernement reprendre le chemin fatal, avec son bagage politico-religieux de la Restauration.

Je m'occupais peu de politique ; j'étais très impressionné à la lecture des discours de Ledru-Rollin ; j'admirais sa parole courageuse et juste. Pendant deux ans, avec l'assentiment de mes chefs, j'étais plutôt un homme du monde qu'un bureaucrate : je ne prenais la plume que pour émarger le rôle des appointements. Mon inspecteur principal, excellent homme, amateur de littérature, me laissait carte blanche ; mais il faut expliquer cette circonstance où mon chef pourrait paraître cou-

pable : la responsabilité devait retomber entièrement sur les administrateurs du gouvernement ennemi des réformes. Les bureaux étaient
occupés par un nombre exagéré d'employés qui
restaient dix, quinze ans avec huit cents francs
d'appointements ; dans un bureau où il fallait
deux employés, on en mettait six. Je restais
donc dans ma chambre d'hôtel ; je tuais le
temps à des essais de poésies, et terminais
mes soirées dans les salons du préfet Thieulent
qui avait pour secrétaire général un homme
bien affable, M. Kallen, puis, chez le receveur
général des finances, M. Du Clésieux, deux
fois par semaine, je fréquentais assidûment
les séduisants salons de la célèbre chambre
des Dames où se réunissaient toutes les
beautés bretonnes.

J'eus le hasard favorable d'être présenté en
cette chambre des Dames, exceptionnellement,
par madame la marquise de Mainville, jeune et
gracieuse veuve qui, à l'exemple des femmes
illustres du dix-huitième siècle, s'était vouée à
protéger, dans la noble assemblée dont elle était
vice-présidente, les personnes recommandées :

des artistes, des littérateurs, des journalistes. Un professeur, mon ami ; un iuspecteur des postes. M. Patras, et quelques poésies que l'on se transmettait dans la ville, furent mes introducteurs auprès de cette aimable marquise.

Selon l'usage de ce temps déjà éloigné, j'avais sollicité la première contredanse avec la plus recherchée des demoiselles de la petite ville, pour les soirées dansantes de l'hiver de 1840 : cette jeune personne était fille d'un des premiers magistrats de Rennes : sa connaissance dont j'étais fier me fit, ainsi que cela sera toujours dans l'humanité, des jaloux et des ennemis. Mon mariage avec mademoiselle Marianne fut décidé parmi les dames de la société ; il ne manquait que mon consentement. J'avais vingt-deux ans : je ne pouvais projeter sérieusement une union que plus tard je devais regretter ; car elle pouvait me promettre un bel avenir. Je raconterai quel était le motif de mon indifférence apparente auprès d'une femme gracieuse et instruite, dont les doux charmes attiraient ma préférence... ce que je puis juger de plus rationnel à travers un passé de trente-huit ans, c'est qu'il faut, de l'avis de Jean-Jacques Rousseau, se résigner au destin que notre caractère, notre tempérament, le milieu où l'on a été élevé, préparent à notre insu.

Une élégie intitulée *Vous !* que mademoiselle Marianne m'avait inspirée, fut livrée par un indiscret, à un journal de la localité ; elle fit, à mon étonnement, sensation dans les salons de l'aristocratie bretonne. On savait dans la petite ville, que cette poésie s'adressait à ma jolie danseuse ; elle me valut de la part d'un de ses adorateurs, une provocation qui fut peu connue ; les suites pouvaient m'être désagréables ; j'avais à craindre la sévérité de la loi et la perte de mes fonctions ; mais elles ont été à mon avantage, grâce aux magistrats avec lesquels j'étais très intime, et il faut le dire, à la situation honorable du père de la jeune fille.

Cet évènement des tribulations de mes débuts dans le monde, se passait en l'année 1840. Avant de continuer mon récit sur ce sujet, il est nécessaire de noter brièvement ce qui m'a frappé le plus pendant la période de 40 à 41.

La génération qui va bientôt s'endormir dans l'éternité, n'a pas oublié une expression très fréquente en ce temps, qui commence forcément à tomber en désuétude : je m'en f... comme de l'an 40, terme fatal de l'existence de notre planète. Il fallait voir au mois de janvier, les gens crédules se jeter, se heurter en masses dans les églises catholiques ; je désigne à dessein, les églises catholiques ; les protestants ne partageaient pas cette superstition : l'on priait, se confessait, communiait en tremblant de voir la fin du monde qui ne se manifesta nullement en dépit des malédictions des hommes de cabaret, habitués aux jurons. Les curés ou recteurs furent les plus heureux dans cette alerte. Dans les campagnes, les presbytères regorgeaient d'offrandes en nature et en argent. Je relate ce fait de naïveté qui ne se reproduira plus, du moins avec autant de conviction.

Je vis passer cette terreur, cette émotion générale en plaignant sincèrement les personnes timorées. Le printemps venu, on se rassura complètement : au premier pardon, le son du biniou fit danser joyeusement (1).

Non loin de la riche et puissante Normandie, j'avais mon domicile dans une des campagnes les plus pittoresques des Côtes-du-Nord, où la vie est calme et heureuse, au milieu d'une nature à moitié sauvage par l'aspect de ses landes, de ses ajoncs qui n'attendent que des travailleurs pour en faire des champs de blé et de vastes prairies. Les habitants d'un caractère doux, hospitaliers, sont sans défiance envers les étrangers au pays, qu'ils accueillent avec empressement : leurs mœurs se ressentent du voisinage de l'Angleterre. Les villageois laissent toute liberté à leurs filles; elles sortent seules avec les jeunes garçons qui les invitent à la promenade et au grand nombre de pardons des environs (fêtes patronales) : c'était aussi le principal amusement de leurs ancêtres les Aryas, les Celtes qui se rassemblaient avec leurs Druides, leurs Bardes, autour des sources sacrées, des rochers mystérieux, au milieu

(1) Biniou, binio ou viniou, instrument primitif des Celtes : du latin, *summus duplex*, et de racine grecque διveππα ou διvepια (double, deux trous).

des vastes forêts de chênes ; ils invoquaient la
Déesse Ana, la génératrice, mère de Dieu, changée plus tard en Notre-Dame des Chrétiens.

C'est dans un de ces pardons, près de Lamballe, le pays des femmes belles et coquettes,
que je fis une rencontre bien inattendue à
ce moment. Au mois de mai, fatigué des soirées dansantes de l'hiver, indisposé, j'étais probablement sous l'influence des fièvres des ma-
rais incultes délaissés depuis plusieurs siècles
par la mer qui avait trouvé une autre issue
dans un terrain voisin, plus accessible à ses
marées. J'avais pour compagnon mon ami
Gauchet, dont la beauté des formes rappelait
l'Apollon des Grecs : avec ses yeux, je pouvais
voir de loin ; il ne me laissait rien échapper ;
aussi eut-il le soin de me faire apercevoir au
milieu de paysannes dont les unes se livraient à
une danse indienne et les autres à des ablutions
avec l'eau limpide de la fontaine sacrée, une
petite demoiselle blonde, paraissant n'avoir que
quatorze à quinze ans: sa robe rose, son chapeau de paille d'Italie orné de roses, son maintien distingué dénonçaient en elle une famille

11.

noble et fortunée. Assise sur un âne, elle se
faisait conduire par son jeune frère et une
femme de chambre bien mise, avec le tablier de
soie à bavette. Mes yeux myopes ne me permettaient pas de voir ses traits mignons ca-
chés sous un grand chapeau à la mode; mais
son regard dirigé vers moi exprimait de la
passion, un tempérament nerveux et délicat.

Les fêtes patronales du département des
Côtes-du-Nord sont généralement aussi gaies
que sont tristes et ennuyeux les pardons du
Finistère, où l'on a conservé la véritable tradi-
tion des Celtes. A Moncontour et à Lamballe,
ces fêtes ont un aspect ravissant : les voyageurs peuvent raconter, en rentrant dans leurs
foyers, une charmante idylle de ces mœurs
sentimentales comme un roman fantaisiste
ou un souvenir du poème de Virgile.

Dans ces pays isolés l'on ressent ce bonheur
paisible que les grandes villes ne peuvent offrir, connu des Anglais, que les Parisiens ne
visitent jamais, dédaignant ces coteaux parfumés. Ils aiment mieux s'installer à grand frais à
Trouville, au milieu des murailles et des sables,

pour se baigner dans des eaux bâtardes recevant les immondices de Paris, de Rouen et du
Havre ; d'autres préfèrent se rendre dans quelques sales bourgades de la Suisse, afin de boire
du lait malfaisant et des eaux minérales qui
lèguent une gastrite incurable dont le résultat
est souvent une mort prématurée.

A Moncontour, ville bâtie en forme de labyrinthe, sur une petite montagne, dernier chaînon des monts de Ménez, vous n'avez rien à
redouter de tous ces inconvénients qui vident
votre bourse en ruinant votre santé. La nourriture y est excellente et abondante, à la portée des petites fortunes : le vin, le cidre, les
légumes, le beurre, le lait, la viande, le poisson
sont de premier choix. Quatre repas par jour
vous sont servis aux prix de 3 francs, 6 francs
au plus ; voilà pour la vie matérielle, plus confortable et moins chère qu'en Suisse, où pour
un mauvais repas vous payez 10 francs. Il ne
faut pas oublier que les amateurs trouvent
dans ces parages, des eaux minérales aussi
médicamenteuses que dans les pays éloignés.

La petite ville environnée de hautes collines,

possède des beautés pittoresques comme l'Helvétie; s'il n'y a pas des montagnes couvertes de neiges éternelles, l'air est salubre, fortifiant, sous un soleil brillant que la brise humide de la mer, non loin de ces bois silencieux, vient rafraîchir, puis solliciter à l'heure matinale, les personnes qui désirent prendre un bain sédatif ou boire un verre de l'onde amère ; sa composition salée, iodée guérit tous les maux que les eaux de Vichy, de Plombières, de Bussang et autres sources aggravent. Il y a des promenades ombragées par des marronniers séculaires. La jeunesse est reçue sans difficulté, dans une société de jeunes femmes bien élevées. Les connaissances, les recommandations ne sont pas nécessaires; le maître d'hôtel, qui connaît son monde, vous remet des cartes d'invitation aux réunions de la ville et des vieux manoirs des environs. La vieillesse et les infirmes reçoivent le dévouement gratuit des bons habitants; c'est à qui, femmes et hommes, incombera le bonheur de rendre un service sans attendre une récompense.

On peut croire ce que j'écris dans ce testament de mes souvenirs : au centre de Paris, ces abnégations sincères ont été souvent constatées. Vous connaîtrez l'amitié, la franche hospitalité en parcourant les bourgs de Dinan jusqu'à Moncontour, de Guingamp à Saint-Brieuc ; vous y verrez des sites tels que les romans de George Sand les font rêver. Les habitants d'un caractère résigné, sérieux, sont sans superstition ; au milieu de la France, ils offrent un modèle d'éducation morale.

La mer baigne ces champêtres contrées ; elle y apporte la santé et l'abondance. Huîtres, homards, soles, turbots, saumons viennent satisfaire votre appétit ; les truites, les carpes, les anguilles surgissent sur la table, comme par enchantement : tous les matins, les pêcheurs sollicitent votre estomac.

Du clocher de l'antique église dédiée à saint Mathurin, on aperçoit plusieurs bourgs et villages flanqués de leurs manoirs : Plérin, qui avait en 1840, un recteur très aimable et instruit, chez lequel j'ai dîné en compagnie de ses nièces ornées de coiffes bien séduisantes ; puis Plénan, Lamballe, Pommeret où mon cœur se laissait

bercer sur des roses; plus loin, Plaintel, Yffi-
niac, Langueux et Plédran avec ses menhirs,
ses dolmens où Jules César s'est reposé au milieu de ses légions victorieuses, ne croyant plus
à la légende des dieux d'Homère; mais dont les
fils devaient accepter la révélation juive.

C'est encore en cet endroit, près de Moncontour, au seizième siècle, que le célèbre général
grec, auteur de plusieurs ouvrages remarquables, Georges Basta, descendant d'Alexandre
le Grand, ancêtre des Saunteron de Hust,
livra bataille et fut victorieux avec ses Alba-
nais, contre le valeureux Delanouë, dit Bras
de Fer, ancêtre de la famille de La Villéon.

On nomme cette partie des Côtes-du-Nord, la
Basse-Bretagne qui ne commence en réalité
qu'à Chatelaudren : depuis un siècle, on ne
parle plus le breton; il faut aller jusqu'à Guingamp pour entendre la langue des Celtes et des
Gaëls. Les géographes indiquent par l'inclinai-
son du continent vers la mer, cette dénomination de Basse-Bretagne. Toujours est-il que
le Bas-Breton offre aux voyageurs la place
d'honneur à son foyer : à l'heure du repas, on

eşt invité à le partager ; il se compose ordinairement d'une soupe aux choux (Saint-Brieuc-des-Choux), d'un quartier de veau au four, de galette de sarrasin (blé noir) ou d'une friture de poissons.

Les fermes ne sont pas comme en Normandie, groupées en villages ; elles sont isolées, séparées par des terres de landes et des prairies ; leur situation particulière donne une idée de ce qu'était autrefois le régime de la féodalité : la plupart de ces manoirs représentent les ruines des châteaux du douzième siècle. En approchant du département du Finistère qui est à quelques lieues de Moncontour, il y a beaucoup de paysans tenanciers ; ces fermiers tiennent en roture des terres dépendantes d'un fief.

La jeune fille des Côtes-du-Nord, aux allures libres et franches, a conservé des principes anglo-saxons : il arrive moins d'accidents que dans les autres départements où la prudence, la surveillance excessive ne remplace pas les leçons de la morale indépendante ; la contrainte religieuse produit la pruderie, la ruse et les crimes. Les épouses obéissent réellement à leurs maris ; elles poussent le respect jusqu'à demander, dans les grandes fêtes, la permission de manger à table : Jean-Marie est le maître chez lui ; quand le chef de famille est un honnête homme, tout va bien dans la maison qui prospère et s'enrichit (toujours les mœurs anglaises). Je décris les habitudes de 1840 : depuis ce temps, si, dans ce département, le progrès matériel a continué de s'améliorer, on ne peut en dire autant de l'intelligence et de l'éducation. L'obscurantisme, le jésuitisme ont avili, corrompu les caractères dans ce pays de la nature, comme dans tout le reste de notre France qui a beaucoup à faire pour maintenir son premier rang parmi les nations les plus civilisées.

On ne doit pas confondre, comme le font nombre d'écrivains, entre autres, Jules Janin l'académicien, les Côtes-du-Nord avec le Finistère et le Morbihan (petite mer) ; le vrai Bas-Breton, le Brézennecq, mélange de races Celtiques, Gaëliques, Kymriques, Saxonnes, a conservé des mœurs sauvages : les Léonais peuvent comprendre le grec et apprendre facilement l'allemand : les Brézennecqs sont très inhospitaliers, âpres au gain, rusés, défiants, jaloux, superstitieux, paresseux, sales et ivrognes.

J'ai habité deux années, un bourg des environs de Moncontour, chez de bonnes gens qui tenaient un petit restaurant dont l'enseigne avait un cheval blanc ; ces braves cabaretiers élevés dans la maison du comte de Kergariou, l'ancien préfet de Strasbourg, recevaient les fils qui venaient encore souvent visiter leurs anciens serviteurs. M. et madame Plourin me prodiguaient leurs soins les plus dévoués ; j'étais logé, nourri, éclairé, chauffé pour la modique somme de trente-neuf francs par mois ! Une nourriture abondante et saine ; trois repas ; quels bénéfices pouvaient-ils encaisser avec quatre pensionnaires ? Assurément, le profit devait être bien petit en fin de compte : on nourrissait en outre ma chienne *Mauricette*, de race africaine qui n'était pas plus grosse que mon coq normand au plumage blanc, que je nommais Bardit, en mémoire des Bardes et de leurs Triades au dieu Hû, divinité que les Ninivites invoquaient sous le nom de Hutsab.

Nous avions à notre table, un ancien pensionnaire dont l'ingénuité nous aidait à passer les soirées après le souper : d'origine irlandaise, grand, blond, âgé d'environ cinquante-cinq ans, son nom, Robert Talbot, nous avait appris qu'il était allié aux lords d'Angleterre et aux anciens souverains de Naples ; mais ses campagnes dans les armées de Napoléon en avaient fait un de nos compatriotes. Par décision des parents qui habitaient l'Irlande, il fut interdit : défense de contracter mariage en France et menace de supprimer sa pension de 1500 francs, s'il ne se conformait à cet ordre rigoureux.

Robert Talbot ne possédait pas, il est vrai, un esprit juste et pénétrant ; cependant il n'était ni sot ni étourdi ; on lui reconnaissait la prudence de race ; il savait maîtriser ses passions.

Des passions, il en avait ; la pêche à la ligne, le petit verre d'eau-de-vie, le jeu ; l'amour platonique ou pour mieux faire comprendre l'amour sentimental, partageaient son temps. Son existence occupée agréablement, n'était troublée quelquefois que par les beaux yeux noirs de Louisa, la fille unique de madame Plourin. Cette fille mariée à Jeannot, un rentier du pays, dont elle se sépara judiciairement, ne répondait pas assez, cela se conçoit, aux assiduités et aux attentions manifestées par les cadeaux réitérés de M. Talbot. En allant recevoir sa pension chez un banquier de la ville, il en rapportait soit des chapelets, livres de messe, bagues en argent; soit des friandises, gâteaux à la cannelle et aux raisins.

Cet original ornait sa chambre avec des images de Limoges et d'Épinal, représentant les célébrités du crime; on y voyait les conspirateurs contre le gouvernement de Louis-Philippe et une douzaine de portraits de madame Lafarge. Quand il voulait écrire à sa famille, défense de le déranger pendant trois jours, qu'aux heures des repas; silencieux, il ne restait que quinze minutes, afin de manger vite, sans perdre de temps; il ne voulait pas dépasser le quart d'heure qu'il s'imposait, aussi avait-il les yeux toujours fixés sur l'horloge. Les trois jours étaient employés à rédiger une lettre écrite en gros caractères et

en français de sa façon ; cette lettre était reco-
piée au moins quatre fois, avant d'être confiée
à la poste qui, en ce temps, ennemie des réformes, percevait une forte somme.

Tous les deux jours, le plus mauvais temps
ne l'empêchait pas d'aller à la pêche à la ligne ;
le soir, il revenait, la tête un peu échauffée par
les petits verres d'eau-de-vie ; mais la carnas-
sière bien garnie de poissons de rivière, ce qui
nous faisait une excellente friture et l'économie
d'un plat, pour la bonne madame Plourin.
Souvent, aux jours de fêtes, lorsqu'il se présentait un voyageur, on nous glissait un entre-
mets, une poule au beurre ou un gâteau sucré
dont mon palais a gardé un souvenir alléchant.
J'étais jeune ; j'étais heureux, sans soucis : riez,
lancez vos moqueries et vos petits sourires à
la mode d'aujourd'hui ; mais la jeunesse restera
toujours une consolation pour celui qui sait se
souvenir. Quand la fille de madame Plourin
nous présentait la délicieuse friture, je ne pouvais m'empêcher d'admirer la satisfaction de
maître Talbot. Les situations comiques d'un
vaudeville de Scribe, ne pouvaient mieux nous

amuser. Nous faisions naturellement l'éloge de
la pêche, au fumet de ces poissons assaisonnés
d'une sauce abondante : il commençait à interroger le regard de son idole de vingt-huit ans,
Louisa, qui était chargée de servir la table, où se
trouvait son mari ; Jeannot, sans être trop jaloux, connaissait la manie de notre Irlandais (la
séparation n'avait pas encore eu lieu entre les
deux époux) ; cette jeune femme ne paraissait
pas s'en émouvoir. Talbot cherchait les raisons
les plus plaisantes qu'on puisse imaginer, pour
avoir de sa Dulcinée bretonne accoutumée à
ces ruses naïves, une parole bienveillante : il
finissait ses discours bachiques, résultat de la
pêche, en menaçant de quitter la pension ;
nous étouffions de rire ; pour ne pas trop l'irri-
ter, nous allions nous promener et deviser avec
les villageois.

Cet amour burlesque de notre Irlandais avait
duré dix ans ! C'est le cas de le dire, tout vient
à point à qui sait attendre. La brune Louisa
devint libre à la mort de son époux, puis, de
son père et de sa mère qui ne lui laissèrent aucune fortune. Elle consentit à vivre en commu-

nauté de biens avec son adorateur maître Talbot, dans une petite maison de campagne aux environs de Lannion, qu'il avait louée à cet effet. Ont-ils été heureux? je ne le crois pas.....

Notre auberge, le *Cheval Blanc,* nous avait donc fait passer d'heureux jours : ma jeunesse et ma carrière administrative plus enviée qu'elle ne l'est maintenant, me fit avoir des connaissances qu'un jeune homme sans fortune rencontre rarement dans le monde. Il faut qu'on le sache : la société positive de 1877 ne donnera plus le hasard, si fréquent autrefois, de recommencer ces rêves de sentiment, de dévouement, d'amour et d'innocence qui venaient sourire à mon berceau protégé par l'espérance et les plaisirs du cœur.

Me voilà loin, trop loin, je l'avoue, de la rencontre de mon inconnue. J'ai promis à mes amis, de laisser mes souvenirs et mes faibles observations; cette promesse me force de choisir ce qui offre le plus d'intérêt et d'avoir recours à de nombreuses digressions. J'ai voulu faire la description d'un pays qui m'a charmé; du reste, je serai plus à l'aise maintenant, pour raconter cet autre incident de mon existence.

Je reprends mon histoire où je l'ai laissée : une inconnue dans un village, près de Lamballe, un bocage plein d'ombre où dansaient des paysannes, au son du biniou. A l'heure du souper, nous quittâmes cet endroit peu éloigné de notre habitation, avec des voisines jeunes et bavardes qui nous firent oublier la blonde châtelaine à la robe rose.

Le lendemain, après mon déjeuner, en sortant sur la porte de l'établissement, je vis approcher une femme avec des paniers chargés de fruits et de fleurs; elle m'offrit un bouquet composé de roses, de myosotis et de pervenches, de la part d'une demoiselle qui m'avait remarqué au pardon de P... : elle partit en courant, sans que je pusse m'informer du nom de cette personne et de sa gentille messagère.

Le jour suivant, à la même heure, nouveau bouquet offert par la marchande de fruits.

Cette fois, très intrigué, très étonné, je ne laissai pas partir ma bouquetière. Le nom, il me faut le nom de celle qui sait exprimer si discrètement sa pensée par de jolies fleurs :

est-elle blonde ou brune; est-ce une villa-
geoise?

— Elle vous connaît, me dit-elle, depuis le
jour de la fête de P...: c'est la fille d'un comte,
bien riche, alliée à la noblesse du pays; et son
nom est?...

Ses petites amies de pension la nommaient
Titole: je lui conserverai ce nom d'amitié afin
de ne pas commettre une indiscrétion et laisser
dans l'obscurité une famille dont la conduite à
mon égard ne mériterait pas cette précaution.

Pour remercier mademoiselle Titole, je lui
envoyai des fleurs; dans une rose, j'avais atta-
ché un quatrain ou un sonnet que je n'ai pas
eu le temps de transcrire. La réponse ne se fit
pas attendre : je reçus une lettre de quatre pages, écrite sur du papier rose. Bientôt nous
eûmes une volumineuse correspondance; son
domestique, Jacques, venait à cheval, avec sa
livrée aux armes du comte, m'apporter trois
fois par semaine, cinq ou six pages de l'amour
brûlant et naissant d'un cœur de quinze ans.
Quelle passion et quelle franchise de sentiments!
dans cette tête si jeune, que je ne connaissais

que par des épîtres suaves et tendres : c'était un roman invraisemblable, et cependant en réalité c'était l'amour le plus délicieux qui allait, sans m'en douter, me mordre au cœur, sous les frais ombrages des chênes de P...

Nous nous aimions. Je passais des nuits sans sommeil. Nous nous tutoyions dans nos lettres comme deux amants qui ont vécu ensemble et attendent depuis des années. Titole, au moins, avait aperçu mes traits ; elle me les décrivait souvent ; mais moi, je n'avais rien de réel dans l'imagination que sa toilette rose ; et dans cette couleur de la beauté et de la jeunesse, je voyais la plus jolie figure qu'on puisse désirer.

J'avais déjà reçu plus de cinquante lettres, lorsque Titole voulut, d'une manière impérative, que je fisse une demande en mariage par l'entremise d'un jeune prêtre ; elle me donna son adresse.

En doutant du succès de cette aventure romanesque, j'obéis aux ordres de ma châtelaine. J'allai aussitôt me confier au vicaire de ma paroisse, que je n'avais jamais vu ni rencontré. Il fut étonné de la mission que je livrais à sa sagesse ; mais quand il eut pris connaissance de la lettre de la jeune fille, il se décida à partir immédiatement pour conférer avec le comte et la comtesse.

Je le répète, avec mon peu d'expérience du monde, je n'avais pas bonne opinion de cette démarche : les parents ne pouvaient que se féliciter de ma simplicité et de ma sincérité.

Le confident sacré, je ne me rappelle plus son nom, paraissait avoir trente ans ; soit qu'il n'eût pas compris ma fausse situation, soit qu'il voulût réellement arranger ce mariage, crut peut-être de son devoir de ne faire aucune objection ni me dissuader de poursuivre un amour qui n'avait que des illusions. En tout cas, j'étais trop jeune pour apprécier la mauvaise éducation des séminaires. Le jour suivant, fidèle à sa promesse, il vint chez moi, avec la réponse du père de Titole.

— Sa fille, me dit-il, est trop jeune pour se marier, surtout à un homme qu'elle ne connaît pas. Avant d'aborder la question du mariage, ce monsieur aurait dû se présenter chez moi ; comme homme du monde, je l'eusse bien accueilli : maintenant, je le prie de cesser toute correspondance.

— Je me rends aux raisons de M. le comte, répondis-je à l'honorable vicaire ; mais je ne puis empêcher cette demoiselle de m'envoyer des lettres, et ma foi, je ne sais ce qu'il en adviendra.

Si l'homme est généralement plus fidèle que la femme, du moins, il ne persévère pas autant dans la passion de l'amour.

Titole ne se tint donc pas pour battue ; elle trouva le moyen de m'écrire encore des lettres plus tendres et plus pressantes; mais toutes mes réponses ayant été saisies par ses sœurs chargées de la surveiller ou par sa mère, le découragement ou le dépit me fit lui remettre ses épîtres dictées par l'amour le plus ardent. D'un ton un peu sec, comme cela m'arrive souvent, je lui écrivis en deux lignes, de cesser notre correspondance, d'attendre que son âge lui permît d'être prudente et de réfléchir aux dangers qui nous menaçaient. (Je soupçonnais avec raison, quelque méchanceté de la famille.)

Hélas ! on ne devrait jamais céder au premier

mouvement d'un caractère sensible : j'ai regretté longtemps d'avoir eu le courage de me
séparer de ces pages pleines d'illusions où s'éta-
lait toute l'ingénuité du cœur de Titole, instruite,
intelligente et romanesque. Quel style charmant et passionné ; que de mots heureux et
sublimes pour exprimer son amour !...

Je trouvais mille raisons plus ou moins bonnes pour me consoler, en pensant au long avenir ouvert devant moi ; je croyais que désormais, toute relation avait cessé avec ma petite
Titole, mon inconnue. Deux mois après cet incident, au mois d'août, par une chaleur étouf-
fante, je vois arriver Jacques, tout en sueur,
avec un petit billet rose (nous avions adopté le
rose) en m'annonçant que ce serait le dernier
qu'il avait le plaisir de me présenter, parce qu'il
était forcé de partir pour l'armée. Je lui dis
d'attendre dix minutes pour donner une réponse, si cela était nécessaire ; mais que l'on
juge de mon étonnement : ce billet me suppliait
d'accepter un rendez-vous auquel je consentis
avec joie : j'allais enfin connaître et parler à
celle qui remplissait mon cœur d'un amour

idéal et plein de mystère. Jacques auquel je souhaitai bonne chance, en lui mettant cinq francs dans la main, reprit son cheval et partit au galop.

Si la hache de la spéculation n'a pas encore détruit cette nature pittoresque, luxuriante, que vous ayez des loisirs, parcourez ces campagnes où règnent l'innocence, le travail et la satisfaction ; parcourez ces coteaux plantés de pommiers et de plantes aromatiques qui embaument un air pur et vif.

Dans les grandes et belles allées de P. . que les rayons du soleil caressent sans pouvoir y pénétrer ; sous l'ombrage d'arbres séculaires, Titole devait m'attendre : j'arrivais la première fois dans ces lieux enchantés, pour contempler les traits de celle qui me témoignait tant de fidélité, et pour nous entendre sur les moyens d'obtenir le consentement à notre mariage.

Je ne tardais pas à découvrir l'endroit désigné ; à peine y étais-je arrivé, que je vis apparaître Titole en robe rose, son chapeau de paille d'Italie à la main, suivie d'une jeune femme de chambre qui répondait au nom d'Hélène. — Nous étions

tremblants tous deux ; mais je suis persuadé
que c'était moi le plus ému : notre entrevue ne
dura qu'un quart d'heure ; ce temps si court ne
fut qu'une extase mélangée de bonheur, de délire, qui supprime l'esprit, pour ne laisser qu'un
corps animé. Que pouvais-je dire en cet état
singulier, à celle qui troublait mon imagination
par sa présence et m'empêchait d'exprimer une
seule parole sensée? Nous marchions côte à
côte ; nous gardions le silence, sans nous regarder... enfin, j'aurais été forcé peut-être, de
quitter celle qui me dominait de toute sa passion, sans avoir entendu sa douce voix, si la
bonne Hélène qui nous considérait sans émotion, n'était venue à notre secours, en nous
rappelant qu'il fallait partir, parce qu'on pouvait nous surprendre sur la route. Nous fîmes
un nouveau serment de nous aimer toujours...
de continuer notre correspondance interrompue
un moment, en attendant une occasion plus
propice, pour renouveler une seconde démarche
favorable à nos projets.

Avant la rencontre de mon Égérie, dans ces
campagnes qui couronnent les grèves solitaires,

je m'étais lié d'amitié avec un excellent homme, fonctionnaire supérieur du département ; il avait de la sympathie pour moi, disait-il, parce que nous avions les mêmes goûts pour la littérature, la poésie. Il avait été convenu que j'irais chez lui déjeuner, toutes les fois que je profiterais des jours fériés pour aller à la ville où très souvent des invitations me forçaient à me rendre aux bals, concerts qui étaient plus fréquents et plus suivis que maintenant.

Je n'étais pas pénétré de la malice du monde. Ma franchise s'opposait à ce que je comprisse les plaisanteries méchantes qui ont eu lieu de tout temps, dans les réunions de familles des bourgeois parvenus et de la petite noblesse sans fortune, dont la jalousie va jusqu'à la haine et l'ambition jusqu'à l'orgueil le plus sot. Un observateur expérimenté découvre ces vilains défauts sous les masques d'une politesse séduisante.

Je profitais largement de l'hospitalité que m'offrait mon ami Pons, professeur au collège, et de la protection de mon haut fonctionnaire,

pour aller tous les jours d'hiver, dans les salons
de M. du Clésieux, receveur général des finances ; de M. Thieulent, préfet du département, et
chez M. Habasque, célèbre archéologue et président du tribunal civil. Ne voulant pas abuser
de la table de mon amateur de littérature qui
m'avait pris en grande considération, je me
décidai d'accepter à déjeuner deux ou trois
fois. M. X... était marié à une excellente
femme, il avait deux enfants, un garçon qui
habitait Paris, et une fille de seize ans, mademoiselle Eugénie, un véritable bouton de rose.

La mère était une grosse femme qui avait dû
être jolie, avant d'arriver à la cinquantaine :
elle me pria, à ma grande surprise, de servir de
mentor à sa fille ; cependant, je méritais bien
cette confiance : je fus donc chargé de guider les
premiers pas de la jeune Eugénie, dans le monde
élégant, qu'elle n'avait pas encore fréquenté.

Son père, sous prétexte d'indispositions ou
de mémoires à rédiger pour son administration,
me laissait souvent seul avec sa femme et sa
fille que je conduisais consciencieusement dans
toutes les soirées dansantes de l'aristocratie du

pays. Je m'acquittais de la mission honorable, en faisant danser, valser mon élève, plusieurs fois lorsque je la voyais rester trop long-temps sur sa chaise; on pouvait être fier de cette faveur paternelle, mais là se bornaient mes sentiments respectueux à l'égard de cette ravissante petite demoiselle.

L'hiver de 1840 ne fut que des jours non in-terrompus de fêtes, de danses, de plaisirs et de fatigues; lorsqu'au mois de mai, on s'en sou-vient, j'eus la douce apparition de ma chère Titole assise sur son âne.

Depuis ce moment, sans réfléchir aux consé-quences de ma conduite, je négligeais complè-tement le monde de la ville et toutes mes connais-sances. Mon haut fonctionnaire avait appris mes amours des champs ; quand je voulus retourner chez lui pour faire ma visite de poli-tesse et donner des explications de mon ab-sence prolongée, son accueil froid et digne me fit comprendre non la vérité, mais que mon peu d'empressement à venir le voir souvent, m'avait enlevé son amitié; je l'attribuais à cette cause, n'en trouvant pas d'autres.

Ce fut mon ami Pons beaucoup plus âgé que moi, qui se chargea de m'ouvrir les yeux, lorsque je lui avouais humblement ma position critique vis-à-vis de cette famille.

— Au lieu de poursuivre des amours impossibles, me dit-il, vous deviez chercher toutes les occasions qui se présentaient, pour vous maintenir dans les bonnes grâces de madame X... on vous accueillait déjà comme un fils, elle ne craignait pas de vous confier sa jeune fille, sortant d'un pensionnat.

Malheureusement, en appréciant les sages conseils de mon ami, toutes mes pensées, toute mon idée se fixaient sur Titole; joies ou tourments de mon existence se concentraient sur ma châtelaine. C'est ce caractère particulier qui, en s'accrochant à un autre être, comme le lierre au chêne, a été la seule cause de tous mes malheurs, depuis ma jeunesse jusqu'à mon extrême vieillesse.

Cette raison et d'autres motifs qui ne pouvaient provenir que de mon éducation maternelle et de mon long séjour dans les collèges, expliquaient peut-être, pourquoi je me consolais facilement d'avoir laissé échapper le bonheur pour être heureux. Je ne prévoyais pas alors les regrets que je ressentirais plus tard de m'avoir cru indigne d'être l'époux de la charmante fille de mon ami, amateur de littérature.

La correspondance avec Titole continuait activement, lorsqu'un matin, une paysanne arrivant du château où elle avait acheté des fruits, m'apprit que mes lettres encore saisies, ma petite amie allait être enfermée dans un couvent de religieuses Ursulines, sous la surveillance de sa tante, la supérieure.

Je ne pouvais trouver la cause de ces délations qui nous compromettaient : toujours est-il que, à tort ou à raison, j'accusais Titole de vouloir attirer l'attention du pays sur nos amours, pour se poser en victime d'un roman.

Il n'était bruit dans toute la contrée que de mes rendez-vous avec ma châtelaine. On n'était pas content des parents ; on les traitait de gens orgueilleux, voulant le malheur de leur fille et n'écoutant que leur ambition.

Je n'étais nullement satisfait de la tournure
que prenait cette situation romanesque avec
mon sylphe rose, qui était cependant tout à
mon avantage et flattait mon amour-propre,
d'autant plus qu'en cette circonstance (ce qui
arrive presque toujours), je reçus trois ou
quatre propositions de mariage avec de riches
paysannes et quelques demoiselles de la ville.
Toutes ces considérations plus ou moins bonnes, me firent prendre la décision de quitter
mon bienheureux village, ma Titole qui pleurait
dans sa prison, pour aller demeurer aux environs de Paris.

Je fis mes adieux à mon ami Pons mon mentor, qui approuva ma résolution, en me disant :

— Vous êtes trop sentimental ; pas assez positif ; vous n'avez pas de persévérance dans le
caractère, pour mener une affaire à bonne fin.

Je pris congé de sa gracieuse épouse dont je
n'oublierai jamais les bontés.

Madame Pons était ma confidente ; je lui laissais, pour les remettre à ma délaissée Titole,
toutes ses lettres, une bague de ses cheveux
avec son chiffre en or, un médaillon et une cas-

solette. Parmi ces objets que j'aurais dû garder, se trouvait une romance : je ne transcris
ici que la dernière stance :

> Heureux pays chéri des roses;
> Adieu l'amour et fleurs des champs;
> Sur ses fenêtres demi-closes,
> Oiseau, viens écouter ses chants.

Pendant que je faisais mes préparatifs de
voyage, que ma Titole gémissait sous les tristes
verroux de son couvent, une autre aventure se
tramait, sans que je me doutasse de l'issue dé-
sagréable que mon étourderie allait me sus-
citer.

Je désire que les personnes qui m'ont connu,
sans être bien renseignées sur la valeur des
mensonges et des calomnies qui ont été débités
sur mon compte, connaissent autant que cela
est possible, ma situation et mes sentiments,
afin qu'elles puissent se convaincre que toutes
ces méchancetés étaient méritées par quelques
individus mal famés qui, toujours et de tout
temps, se faufilent dans la bonne société.

On peut concevoir facilement qu'un jeune
homme sans fortune et sans un avenir brillant
n'ait pas l'idée bien arrêtée de contracter un

mariage, s'il ne lui offre immédiatement une aisance certaine, afin de satisfaire aux exigences du luxe et de la famille. Si je manquais de prévoyance, j'avais assez de jugement pour ne pas approuver toutes les dames qui voulaient me lancer dans des liens éternels, pour occuper leurs loisirs et donner des nouvelles aux habitués de leur salon.

Dans cette société française de 1830 à 1840, un jeune homme de vingt-cinq ans, instruit, avec une modeste place dans une administration de l'Etat, s'il était ambitieux, se trouvait dans les meilleures conditions de contracter une alliance dans une famille riche. A l'âge de trente ans, les chances diminuent beaucoup, et à cette époque comme maintenant, un vieux garçon de quarante ans perd tout espoir, s'il n'est parvenu à plaire à une femme du monde qui lui donne son amitié et le protège contre les plaisanteries des nouveaux venus dont l'audace et la sottise réussissent mieux que la prudence et le savoir-vivre.

J'étais membre d'une société qui remontait à une origine très ancienne, sous le nom de chambre des Dames. Charmante société ; peut-être n'est-elle déjà plus en vogue ; l'on y rencontrait ce que recherche un homme du monde, toute la gaieté française et ce qu'il y a de plus noble, de plus riche, d'élégant. Cette réunion offrait un attrait particulier, surtout à cause de l'indépendance et du laisser-aller des sociétaires : l'administration était confiée à une présidente, deux vice-présidentes et quatre doyennes.

Pour être agréé, il fallait, avant tout, être d'une noblesse bien connue, fonctionnaire ou rentier. Ces positions honorables ne vous dispensaient pas de faire des visites officielles à l'état-major des quatre-vingts familles de cette société qui, pendant un mois, vous mettait sous la dent de leur critique ; puis, si on avait découvert dans votre personne un cavalier convenable, la présidente vous soumettait aux boules blanches et noires de l'assemblée.

A cette date, il n'y avait plus en France, que trois chambres des Dames : à Saint-Brieuc, à Bayonne et à Marseille.

Pourquoi trois sociétés dirigées et commandées par des femmes? Pour les personnes qui aiment à connaître l'origine de toutes choses, je leur dirai qu'elles peuvent trouver la première idée, en France, à la fin du dix-septième siècle ; un érudit pourrait, peut-être, nous la montrer chez les peuples civilisés de l'antiquité, chez les Athéniens de Périclès. En tous cas, malgré l'honorabilité de celles qui ont persévéré jusqu'au dix-neuvième siècle, on est forcé d'en reconnaître l'auteur dans une courtisane, Ninon de Lenclos, la belle châtelaine de Tours, qui possédait un hôtel magnifique aux environs de la place Royale, à Paris, où elle cherchait à plaire encore à l'âge de quatre-vingts ans. Après Ninon de Lenclos, on ne peut oublier l'attrayante Circassienne Haïdé ou Aïssé qui mourut en 1733, à l'âge de trente-huit ans. Son amie, madame de Tencin, continua à ouvrir ses salons à tous les débauchés et à tous les savants du dix-huitième siècle : on y rencontrait les artistes et les philosophes les plus célèbres. Madame de Tencin, écrivain de talent, publia plusieurs ouvrages, entre autres *les Malheurs de l'amour ;* elle fit l'éducation d'Helvétius : elle avait deux hôtels : l'un, place Vendôme, l'autre, place des Victoires. Les mémoires de cette époque font croire que d'Alembert était son fils naturel ; mais **d'Alembert** ne voulut reconnaître que sa mère **adoptive**, une pauvre chiffonnière.

Mon air gauche et timide et mon nom d'une consonnance bretonne me firent passer par-dessus les formalités les plus désagréables, et aussi, il faut le dire, grâce à mon bon ami Pons qui m'avait présenté à la marquise de Mainville, vice-présidente de la chambre des Dames.

Madame de Mainville était une veuve de trente-cinq ans, d'un physique agréable avec un caractère indépendant, elle tenait beaucoup à sa réputation, c'était avec raison, car j'ai été témoin des déclarations stupides de beaux céladons qu'elle savait évincer avec dignité.

Un jour de réception intime, j'avais presque surpris à ses genoux, un jeune homme nommé S..., petit-fils d'une célébrité bretonne : il fut si bien congédié, que je ne le revis jamais chez la marquise. Cette femme gracieuse et très instruite, selon l'usage du dix-huitième siècle, ne recevait dans son petit salon, que des hommes recommandés, des artistes et des hommes de lettres.

Après quelques visites de rigueur, j'eus le bonheur exceptionnel de lui plaire et d'être invité à un déjeuner succulent, qu'elle avait l'habitude de donner une fois par mois à ses élus. Il y avait parmi les plus assidus, un descendant de Bernardin de Saint-Pierre, le botaniste Le Mahout, le publiciste de Kermorvan, l'archéologue Habasque, le général Arnaud et mon ami Pons, principal de collège.

Il fut convenu que l'aimable marquise me recommanderait aux honorables dames de l'état-major de la chambre; que je serais considéré comme membre honoraire, que mon nom serait inscrit au tableau des notabilités de la ville.

Dans cette chambre appelée à bon droit le paradis des femmes, je vécus pendant une année de plaisirs incessants et délicieux. Tous les dimanches, grand bal; dans la semaine, on jouait, lisait ou l'on causait avec les familles qui s'y

installaient comme chez elles ; la soirée se terminait souvent par les jeux innocents.

Dans ce temps de mœurs pastorales, il n'y
avait ni cafés, ni alcazars, ni fumoirs, les cer-
cles d'hommes étaient rares ; on avait l'habitude d'inviter ses danseuses pour toute la saison d'hiver.

Ce souvenir me suggère une réflexion sur
les mœurs champêtres et les regrets que le
paysan ou même le bourgeois instruit, a souvent l'habitude d'exprimer, lorsqu'il atteint
l'âge de soixante à soixante-dix ans. On préfère
naturellement le temps passé, sa jeunesse, la
véritable existence, parce qu'à ce moment, qui
ne semble jamais finir, tout est beau et bon.
Cette illusion est en partie exacte ; mais ce qui
ne l'est pas, c'est l'appréciation que l'on fait sur
ce qui ne reviendra plus. Les mœurs d'un peuple civilisé changent tous les vingt ans. Chan-
gent-elles en bien ou en mal ? Quelques mots
vont me suffire pour répondre à cette question.

Les mœurs, il est vrai, changent presque toujours en bien et suivent l'évolution de la nature
qui, on le sait, procède du simple au composé ;

s'il y a dans la nature et dans la civilisation un temps d'arrêt en faveur du mal, il se produit plus tard une perturbation reprenant avec vigueur la route du progrès.

En avançant dans les siècles, le perfectionnement efface les nationalités : le progrès tue l'immoralité publique ou cachée ; la civilisation en rapprochant les nations, élargit les liens de la famille par des lois d'égalité réelle ; la liberté de l'imprimerie, de la publicité qui ne fait que commencer, prépare à tous les peuples de la terre, la souveraineté universelle et le droit personnel. Pour conclure : si dans un passé de quarante ans, quelques familles pauvres et l'aristocratie fortunée dansaient ensemble simplement et innocemment sur l'herbe, pendant que les ouvriers mangeaient du pain noir ; aujourd'hui, c'est tout le peuple qui se réunit dans des salons dorés et jouit d'une aisance relative : maintenant ce qui reste de l'ancienne aristocratie est refoulé dans ses demeures somptueuses : bientôt, il n'y aura plus l'hypocrisie malfaisante, qui cédera la place à la franchise, à la fierté de l'amour-propre et à la richesse acquise par le travail. — Tous comprendront leur devoir, lorsque la grande voix de la publicité apportera aux nations affranchies du joug de la superstition, la bonne nouvelle de la paix qui donne le travail et le bien-être. Dans un temps encore éloigné, il est vrai, on ne connaîtra plus les souffrances qui abrègent la vie de l'homme.

Après ces explications sur mes regrets de la simplicité apparente des mœurs, au commencement du dix-neuvième siècle, je reviens à cet usage pour les invitations de danses, de quadrilles, de valses, pendant tout un hiver, avec les mêmes personnes. On conçoit que les convenances de la politesse forçaient à une exactitude qui pouvait rappeler, mais avec moins de fatigues et de périls, les temps héroïques des preux chevaliers du moyen âge, allant à la recherche de quelque aventure, pour mériter les faveurs de la dame cloîtrée dans son donjon inaccessible.

Mademoiselle Marianne était notée sur mon carnet, pour la première contredanse des soirées d'hiver de 1840, à la chambre et dans les

13.

bals donnés en ville ; puis, venaient par rang d'inscription, mademoiselle Eugénie, mademoiselle de Grimaudet, nièce de mademoiselle Curo, qui a publié plusieurs livres estimés, à l'usage de la jeunesse; mesdemoiselles de Boisfeuillet, de Liscouët, de Villenessant, Foucault, Guezennec; la charmante madame Gaignoux et la jolie madame Charner, de Lamballe, épouse d'un capitaine de vaisseau, qui, sous Napoléon III, reçut le titre d'amiral qu'il avait bien mérité pour ses services rendus dans toutes les contrées de la terre.

J'aurais beaucoup de bons souvenirs à transcrire sur les personnes que je viens de nommer; mais je ne parlerai que de mademoiselle Marianne qui pouvait avoir vingt ans.

C'était assurément et de l'avis des personnes qui l'ont connue, la plus jolie du département, le modèle le plus accompli que puisse désirer un artiste sévère, amateur de beautés grecques : sa peau était d'un blanc bleuâtre, veineux, velouté, d'une délicatesse exquise; nez moyen et correct, petite bouche, yeux noirs, cheveux noirs à profusion retombant en tresses soyeuses sur une taille svelte; ses mains et ses pieds, d'une ravissante perfection, pour une femme grande et forte : tel est le portrait inachevé, resté dans mes souvenirs, de ma danseuse qui, pendant six mois, ne manqua pas une seule soirée.

J'étais très amateur de la danse; pour le seul plaisir de sauter? n'en croyez rien; mais parce que cet exercice salutaire, qui est le vif attrait des femmes, communique en même temps, leur bonheur, leurs joies, leurs sentiments, jusqu'à leurs pensées intimes et les plus naïves : en un mot, j'aimais la danse qui représente la jeunesse et fait briller la femme dans toute l'ardeur de son amour et de son espérance.

Et si je me sentais attirer naturellement vers les plus jolies femmes, je dois avouer, n'en déplaise aux jeunes gens dédaigneux, que je me faisais un plaisir de ne pas oublier les pauvres délaissées dont la laideur et le défaut d'esprit ne pouvaient captiver des danseurs.

Dans les maisons que je fréquentais, où j'étais reçu avec intimité, les maris avaient quelquefois le tort d'être absents. Madame X... ne se gênait pas pour réclamer mon bras afin de la

conduire au bal et même la ramener à son domicile. Je puis dire la vérité sans citer aucun
nom. Ces femmes légères, imprudentes, rarement infidèles, du meilleur monde, ne crai-
gnaient pas de se compromettre et ne parais-
saient pas s'inquiéter de la médisance d'une petite ville. On poussait la flatterie, afin de mieux
attirer mon attention et surprendre ma confiance, jusqu'à m'appeler M. le comte : on disait à la soubrette : Eclairez à M. le comte;
donnez un verre de madère à M. de Tréfouël,
ne laissez entrer personne sous aucun prétexte...

Il n'y a plus autant de laisser-aller dans le
monde élégant de 1877. Depuis vingt ans, je
n'ai plus fréquenté les salons; tout a changé :
conversation, danses, maintien, franchise, etc.
Il faut en chercher le motif dans l'exagération
de la médisance et de la frivolité parmi les femmes qui sont devenues plus ignorantes, plus
prudes, plus défiantes et plus bigotes. Cet
abaissément de caractère chez le beau sexe,
pourrait bien atténuer l'accusation dirigée contre les jeunes gens, d'abandonner les réunions
de femmes; de préférer la vie des cafés, les cer-

cles de jeux, la bière et le tabac, poisons de leur intelligence, au plaisir si attrayant d'une société de jeunes femmes de bonne éducation.

Reviendra-t-on à ces mœurs délaissées qui firent souvent les tourments du cœur de l'inconstant et trop sensible Jean-Jacques Rousseau, le véritable père du style romantique? non : ce temps est passé; on peut avoir des regrets de ne plus retrouver cette société qui vous charmait par sa simplicité élégante, sa conversation franche et spirituelle; mais si les idées de moralité doivent gagner sur la frivolité, il faut se réjouir d'un changement qui peut nous donner des mœurs plus pures, plus dignes de notre belle patrie. Cette vie extérieure suscitée par le luxe des cafés, par l'usage du tabac et le progrès de la publicité à bon marché, ne peut qu'amener une révolution bienfaisante dans nos habitudes, surtout lorsque la science vulgarisée aura pénétré la masse du peuple.

Cette réflexion faite sur les mœurs de l'hiver de 1840 à 1841 qui devait être le dernier de notre petite planète, je continue mes souvenirs. Mademoiselle Marianne était, je l'ai dit, une de mes danseuses qui était pour moi l'idéal de la femme de sentiment : je ne connaissais pas encore Titole. Cette jeune fille très exacte à notre première contredanse, avait-elle les mêmes motifs que ceux qui me faisaient agir en galant homme? je ne le crois pas : le seul mobile de mon empressement auprès d'elle, était la satisfaction d'être le préféré; c'est ce que je vais prouver à la suite de mon récit. Cette gracieuse demoiselle, au teint pâle, d'une attrayante mélancolie, me plaisait plus que toute autre; mais je ne la désirais pas; je ne songeais pas au mariage. Il est vrai que j'avais composé une élégie qui courait les salons; ces stances pouvaient désigner chacune de mes danseuses.

A la fin de la saison des bals qui se prolongea pendant le printemps, je fis une visite à la présidente de la chambre des Dames, visite de convenance et en même temps intéressée; car il ne faut pas oublier que Titole, par ordre de ses parents, venait de rentrer à son couvent; des médisances sur nos amours pastorales couraient le pays; je tenais à me justifier sur la rencontre inattendue de Titole, auprès de madame X... qui m'avait fait un si bon accueil ; j'avais pour elle beaucoup de respect et d'estime.

Il arriva tout le contraire de ce que je voulais. Aucune question ne me fut faite, ni sur mon absence, ni sur ma correspondance avec ma Titole. Le mari de cette honorable dame reçut très bien ma visite, m'invita à dîner en famille, ce que j'acceptai avec reconnaissance. C'était la première fois qu'on me faisait cette politesse amicale ; je ne pouvais savoir à quoi attribuer cette faveur inusitée. Le repas fut servi simplement et achevé sans que rien dans la conversation m'indiquât une intention préméditée.

Le café avait été versé, ce qui était un extra : madame la présidente H... s'approcha de moi pour me dire, sans aucun air de mystère :

— Nous allons, si vous le voulez bien, terminer notre soirée à la chambre où nous ferons une partie de cartes, en attendant de voir la procession qui sortira à neuf heures du soir ; vous avez encore le temps de faire une promenade avec mon fils.

M. Charles avait mon âge ; instruit, d'un caractère sérieux, licencié en droit, surnuméraire de l'enregistrement. La journée avait été très chaude ; je lui offris, selon l'habitude, un verre de bière (le nom de chope n'était pas encore connu) à l'unique grand café de la ville.

A peine étions-nous installés à une table ; quatre ou cinq jeunes gens d'une mise élégante arrivèrent pour faire une partie de billard. L'un de ces jeunes gens était le rédacteur d'un journal de Paris ; M. G... s'approcha de moi en nous saluant et pour me dire d'un ton railleur, que je composais des petits vers et des chansons pour les demoiselles. Je le regardai en face : M. G... et ses compagnons avaient copieusement dîné avec force libations ; je lui répondis :

— Ce que vous me dites n'est pas spirituel; cette manière de faire ma connaissance est sotte.

M. G..... alla consulter ses camarades pour savoir ce qu'il devait faire en cette circonstance. La démarche me parut niaise de la part d'un publiciste, ce qui confirma que je l'avais bien apprécié. Après cinq minutes de délibération, il revint le chapeau sur la tête, me demander de répéter mes paroles. Je commençai par mettre aussi mon chapeau, sans me lever :

— Eh bien, monsieur, je vais m'exprimer à haute voix, pour que tout le monde entende : j'ai dit que vous étiez un imbécile.

Aussitôt je me lève pour écarter sa canne dont il me menaçait ; mais mon camarade M. Charles saute sur son bras ; je reçois un coup de poing sur mon chapeau qui va rouler sur le billard ; je riposte par un vigoureux soufflet, puis les témoins de cette mauvaise querelle nous séparent. Nous nous étions rendu justice selon la loi de Moïse, dent pour dent. En sortant de ce maudit café, je chargeai M. Charles de régler cette affaire avec cet original.

Le jour et l'heure désignés par moi, je ne vis personne ; j'attendis avec impatience au lendemain ; M. Charles vint me dire que le président du tribunal avait prié M. G... de quitter la ville ; que tout le monde approuvait ma conduite, n'étant pas considéré comme insulté. Je n'entendis plus parler de ces jeunes gens qui m'étaient inconnus. Il est certain qu'on leur conseilla de ne pas faire tort à la réputation de la fille d'un des premiers magistrats du département voisin. Cette rixe suscitée par la jalousie est restée sans effet ; le motif, je vais le raconter en toute vérité.

A la suite de cette bagarre, je refais ma toilette et reprends un peu de calme : j'arrive avec M. Charles à la chambre des Dames où madame la présidente H... était à faire sa partie d'écarté : en entrant, le hasard voulut que je remplaçasse son adversaire ; je ne fus pas plus heureux ; son mari vint me prendre les cartes en me disant à l'oreille :

— Quelqu'un vous attend au salon de lecture.

— Je n'ai donné rendez-vous à pesonne, lui dis-je.

Mais l'idée de ma mauvaise aventure, me revint tout de suite à l'esprit ; le geste impératif du père de M. Charles me fit comprendre qu'il fallait exécuter sa volonté en me rappelant ma provocation à laquelle j'étais préparé, connaissant parfaitement l'escrime depuis mon enfance. Il n'y avait pas cependant une parfaite égalité dans cette rencontre, en ce sens que je risquais, outre ma vie ou la prison, de perdre ma place d'em-

ployé, ce qui était arrivé à plusieurs fonctionnaires du gouvernement de Louis-Philippe.

Il était neuf heures du soir : malgré l'obscurité, les lampes n'étaient pas encore allumées ;
en ouvrant la porte du salon, je n'aperçus personne ; on sait que je suis myope. En regardant
au fond de l'appartement, deux ombres étaient
dans l'embrasure des deux fenêtres qui éclai-
raient cette chambre située sur la place de
l'église. Je m'approche ; me voilà à côté de mademoiselle Marianne !... On devine ma surprise,
après ce qui venait de se passer au café : je
compris immédiatement le but du dîner qui avait
préparé cette rencontre à laquelle assistait la
tante, l'ombre de l'autre fenêtre. Quel délicieux
tête-à-tête avec mon infatigable danseuse! avec
celle que mon cœur préférait ; avec cette jeune
fille dont la bonne éducation pouvait certainement me donner cette existence heureuse de la
famille qu'il ne me sera jamais permis de goûter.
J'étais très ému ; ma danseuse pour laquelle
j'allais peut-être mourir dans un duel, l'était
encore plus ; car je voyais son sein se soulever
fortement, sa respiration difficile ne laissait.

sortir que des paroles saccadées... je sentais en cet instant, que nous avions l'un pour l'autre les mêmes sentiments d'amour et de respect.

En saluant cette aimable femme, j'étais à peu près décidé, tous les évènements m'y conviant, à lui faire ma déclaration; mais le destin en disposa autrement. Au lieu de lui faire connaître l'affection que j'éprouvais pour elle, nous parlâmes de la chaleur, du ciel étoilé, de l'église, vieux monument du treizième siècle, et de la procession nocturne qui passait sous nos yeux; que sais-je encore? Je n'étais pas à ce que je disais; mais à mille pensées qui me paralysaient l'esprit. Je suis trop jeune, disais-je en moi-même, nous n'aurons pas assez de fortune pour satisfaire aux exigences du monde (elle était en possession de 1200 francs de rentes); j'avais le tort de ne pas trouver que sa dot fût en rapport avec ses goûts. Le véritable obstacle à ma franchise habituelle était ma chère petite Titole qui gémissait sous les verroux. Ah! ma Titole, te trahir! oublier nos serments... jamais!... En ce moment, il faisait complètement nuit; je n'osais regarder le visage de mademoiselle Marianne, éblouissant d'une ravissante beauté; il pouvait décider de mon cœur qui voulait rester fidèle à ma prisonnière que je voyais plus fraîche, plus blonde et rose avec ses quinze ans, sous les délicieux ombrages des allées des grands chênes de l'heureux village de P... où nous nous étions connus deux mois avant cette troisième tentation à laquelle je n'ai pas succombé.

Mes idées n'avaient plus de suite; ma tête était brûlante après avoir subi en une soirée tant d'émotions imprévues. Je ne pouvais que balbutier des mots de convenance pour me donner le temps de la réflexion. Mademoiselle Marianne voyait mon trouble et ma gaucherie; elle interpréta mon hésitation à mon désavantage, et fut persuadée que je ne l'aimais pas comme elle était autorisée à le croire. Cet ange de beauté et de douceur me quitta subitement pour rejoindre sa tante, en me disant avec une tristesse pleine de mélancolie, au revoir!...

Je rentrai au salon de jeu, pour reprendre mes cartes. Il me fut impossible d'avoir l'esprit présent à ce que je faisais. Je sortis dans l'intention de retourner à mon domicile, courant comme un insensé à travers les rues, pendant toute la nuit; j'éprouvais une agitation fébrile extraordinaire; mon pauvre cœur torturé était aux prises avec ce sentiment tendre et chaste, qui devient douloureux d'autant qu'il s'éloigne de la possession, pour ne se contenter que de l'image enivrante des deux plus jolies jeunes filles que j'aie rencontrées. Malgré le nombre des années écoulées, je vois toujours dans mes rêves, ces deux figures nobles, brillantes de jeunesse et d'amour, me reprochant doucement de ne pas savoir aimer.....

Titole, sous la surveillance spéciale des religieuses de son couvent, avait connu mon aventure de café; profitant de la première occasion, elle me fit parvenir une lettre que je possède encore, parce qu'elle exprime les reproches les plus vifs que je ne méritais pas.

Je ne revis plus mademoiselle Marianne qui était allée à la campagne avec sa tante. Les deux jeunes filles, après mon mariage à Orléans, se décidèrent à épouser des officiers supérieurs.

A la fin de la même année, vers le mois d'octobre, j'appris la mort subite de trois jeunes
danseurs intrépides, avec lesquels j'avais passé
beaucoup de nuits blanches, pour faire valser
ces demoiselles qui, avec une apparence plus
faible, luttaient énergiquement contre les fatigues des plaisirs excessifs des salons. J'éprouvais moi-même une irritation extraordinaire
provenant de l'excès de la danse, des boissons
trop rafraîchissantes et surtout de la transition, sans ménagement, d'une chaleur étouf-
fante à un air glacial. L'officier de santé de mon
village, M. Cabaret, ancien aide-chirurgien de
l'armée, jugea que j'avais trop de sang, malgré
mon aspect maigre et chétif. M. Cabaret me
saigna à chaque bras, trois fois en quinze jours.
La troisième saignée fut le coup de grâce qui
me força de rester au lit, en me rendant réellement malade ; je ne pouvais ni respirer ni marcher ; mon tempérament, puis la belle Louisa,
les amours de Talbot, dont les soins bien dévoués furent les seuls remèdes, me retirèrent
de ce mauvais pas, de ce saignement à blanc.

Les docteurs-médecins sont depuis peu d'années moins sanguinaires. Raspail est parvenu avec une persévérance héroïque, à faire pénétrer l'art de guérir, la vraie science du corps humain, qui remplacera bientôt les vieilles théories de l'académie. Les sangsues ont perdu leur grande renommée et l'empoisonnement avec les cantharides est relégué définitivement dans les couvents. La jeune génération a-t-elle gagné plus de vigueur, en suivant un régime moins meurtrier ? je ne le crois pas., Le mercure, l'arsenic, l'opium et autres poisons dangereux sont administrés à profusion sous des noms divers, absurdes, pour en imposer aux ignorants. L'usage du chocolat, du tabac et de la bière en excès empêcheront la France de posséder en majorité, des hommes sains et robustes.

Ma santé revenue en peu de temps fit le plus grand honneur au médecin Cabaret qui avait tout employé pour retarder ma guérison. A la suite de cette indisposition, j'allais rarement dans le monde, je négligeais madame X... et sa fille Eugénie, mon élève ingénue.

La cause de cette négligence coupable, incon-

venante, on la devine : Titole, dans mes rêves,
m'apparaissait sans cesse sous les ailes de l'espérance bien trompeuse, hélas! Je fis mes adieux,
sans donner aucune explication et sans mani
fester les regrets que j'éprouvais de laisser le
bonheur auprès de l'une des trois grâces, dont
la fidélité aurait dû me retenir dans cette contrée qui me charmait par mon côté faible, le sentiment. Je me préparais à courir après une chi-
mère, l'*avenir*, plein de troubles et de déceptions,
sans que cette rude leçon ait profité à ma vieillesse. Il est si rare, tout en corrigeant ses défauts, de changer de tempérament, le moteur
sinon le maître impérieux de notre volonté et
de nos actions. La philosophie positive n'admet
pas, comme les théologiens, le libre-arbitre ; la
science ne s'occupe pas de cette intermédiaire
idéale, l'âme, que l'on place avec des raisonnements faux, entre le surnaturel et la nature vi-
sible.

Soit par trop de présomption ou de confiance
dans un temps inconnu ; soit par trop de modestie, voilà trois mariages manqués, trois occasions de vivre heureux qui ne se représentent

jamais : on vieillit vite : la fortune renversant tous les obstacles, ne vient pas une seconde fois à notre secours.

Ma petite Titole avait fait toute mon hésitation ; elle m'avait adressé trois ou quatre lettres que mon père me faisait remettre exactement ; mais je ne savais comment lui faire parvenir mes réponses : j'appris que ma lettre envoyée à l'adresse indiquée, avait été saisie par la supérieure qui avait condamné ma pauvre amie à être enfermée pendant un mois sous la surveillance d'une religieuse, avec l'ordre de rester auprès d'elle jour et nuit.

Ces lettres de Titole, d'un style charmant, avec ce mélange de descriptions et de sentiments, du romantisme de George Sand, agitaient doucement mon esprit qui était à l'unisson poétique de la jeunesse de 1840.

Celui qui n'a pas voyagé, n'a pas fréquenté le monde où l'on mène une existence un peu troublée par les plaisirs et les larmes, ne peut avoir dans son intérieur, qu'une vieillesse triste, monotone ; j'oublie en écrivant ceci, qu'il y a une compensation dans toutes les positions de la vie

mais malgré les observations souvent très justes d'Azaïs, je préfère avoir des souvenirs qui
ont jeté des fleurs sous mes pas ; je préfère revoir encore dans ma solitude, ma blonde châtelaine qui avait tout mon amour, tout mon cœur ;
puis ma danseuse aux yeux noirs ; mon élève
dont la bonne éducation et la beauté captivaient
ma raison, mais non mes sens.

Ces trois sentiments chastes et purs, excitè-
rent(ce qui arrive toujours) l'attention des dames de la ville. Dans mon village, les paysannes venaient me prier d'écrire leurs lettres à
des parents ou à des amants ; l'instruction élémentaire avait fait peu de progrès. Des invitations, sous différents prétextes, me mettaient
dans des tête-à-tête où je me trouvais très embarrassé.

Je vais citer un fait seulement, qui m'est arrivé dans une famille jouissant d'une excellente
réputation dans la ville.

J'étais l'ami du mari d'une jeune femme que
je nommerai Marie ; elle était mère de deux enfants. Un soir d'hiver, après le souper, on céda
au désir de Marie de faire une partie de cartes

vers neuf heures, mon ami se sentant fatigué quitta subitement le jeu, pour aller se coucher, nous laissant seuls dans la salle à manger contiguë à la cuisine où la cuisinière dormait sur une chaise. Nous continuâmes quelque temps encore notre partie. Lorsque nous recommencions à battre les cartes, Marie me lançait des mots à provocation, auxquels je ne répondais pas; je faisais semblant de ne pas comprendre : on le sait, la femme n'écoute trop souvent que ses désirs qui, en cet instant critique, lui faisaient tracer sur ma main, avec un crayon, le mot magique : Je vous aime!... Très ému de cette déclaration inattendue, je lui dis :

— Il est tard, et (baissant la voix) je vous aime aussi; allez rejoindre votre mari que j'estime; il pourrait nous entendre; je reviendrai vous faire mes adieux pour aller en Picardie : je vous promets de garder dans mon cœur le secret de notre amour.

Je ne dirai pas la morale, mais le dénoûment de cette histoire : le mari qui avait confiance en moi, est resté mon ami; sa femme est devenue mon ennemie implacable. Cet ami dévoué que je n'ai pas voulu trahir, est mort à l'âge de soixante-deux ans.

Peu de temps avant cette perte regrettable pour sa famille et surtout pour moi, nous nous étions rencontrés dans les bureaux du ministère de l'instruction publique. Il me montrait sa poitrine fatiguée; il me disait les luttes incessantes pour son existence et pour son avancement.

A la fin de notre causerie, il m'avoua avec une émotion navrante, que jamais il n'avait pu connaître le cœur ni le fond de la pensée de sa femme....

— Cher ami, résignez-vous comme l'empereur Marc-Aurèle, lui dis-je, vous avez la conscience du devoir accompli. Votre femme, orpheline, a été élevée dans un couvent; toutes les Françaises ont reçu depuis des siècles, une éducation hypocrite, jésuitique. Il faudra des années pour arriver à changer le moral des jeunes filles, à l'aide de l'instruction laïque.

Vers le mois de janvier, je quittais ce pays et l'existence heureuse de ma pauvre chaumière où je recevais la visite du général Arnaud, du comte de Gouyon-Beaufort, accompagné de son ami Gilbert et autres notables.

Emprisonné pendant deux jours et deux nuits dans une diligence où l'on avait les pieds gelés, j'arrivais à Orléans, une des plus belles villes de France, le jardin des fleurs et des fruits, où l'abondance offre aux petites fortunes une table excellente. Quant aux habitants, ils ressemblent à leur pays plat, monotone; l'industrie très active leur a sans doute cloué au cœur l'égoïsme, l'hypocrisie et l'avarice. L'argent et toujours de l'argent pour être bienvenu dans ce riche département du Loiret, le pays natal de Thérèse Levasseur, la gouvernante de Jean-Jacques, qui lui est restée dévouée pour ne pas tomber dans la misère.

Jean-Jacques Rousseau, le sage en théorie et faible dans la pratique, avait raison de blâmer plutôt l'immoralité de son ami de Gonffrecourt que d'admirer la vertu intéressée de sa maîtresse, sa femme sous le nom de Renou, se vantant d'avoir résisté sans danger aux sollicitations d'un vieux podagre. On comprend ses réflexions dans un chapitre de ses *Confessions* et

sa manière de raisonner : il devait s'en expliquer plus ouvertement dans une autre partie
de son livre, qu'il n'a pas eu le temps d'achever ;
les infidélités de sa Thérèse avec son ami Grimm
devaient être dévoilées. Du reste, on ne peut
que le féliciter de son oubli et d'avoir jeté une
ombre sur celle qui ne méritait pas l'immortalité, devenue l'épouse d'un ouvrier jardinier...

Minuit sonnait à la cathédrale Sainte-Croix,
lorsque la diligence s'arrêta au milieu de la
place du Martroi. En descendant de voiture,
une grande belle fille élégamment vêtue, me prit
par le bras, pour m'interroger et savoir si je venais d'Angers, en me faisant des excuses de son
indiscrétion.

— J'en arrive, lui dis-je.

— Vous avez vu M. Paul?

— Je ne connais ni M. Paul ni même la ville
d'Angers ; mais vous me tenez par le bras, je
vous prie de me conduire jusqu'à l'hôtel vis-à-
vis, à cinq pas ; engourdi par le froid, je ne puis
marcher.

Ce qu'elle fit avec beaucoup de grâce ;
je lui souhaitai le bonsoir et le bonheur de re-

voir bientôt M. Paul qu'elle attendait avec impatience. Ce petit début dans la capitale du Loiret explique assez que j'étais dans une ville renommée par ses jolies grisettes.

La pauvre fille était bien mal venue avec moi qui laissais des plaisirs, des souvenirs purs et si doux que j'aimerai toujours, parce qu'ils sont éclos dans la fraîcheur innocente du printemps de l'existence. Comment pourrait-on oublier ces campagnes pittoresques, ces verdoyants coteaux où ma pensée rêveuse se reportait avec d'autant plus d'ardeur maintenant que j'en étais à cent lieues? Je me voyais sur les grèves solitaires, contemplant les vagues de l'Océan qui représente l'immensité, l'éternité. Comment oublier désormais l'ornement de ce pays privilégié, cet essaim de jeunes filles nobles et attrayantes : Titole, Marianne, Eugénie, Louise, Marie et bien d'autres? L'on faisait des pique-niques, au milieu des ajoncs dorés; ces pique-niques (sorte de collation) étaient payés avec l'argent des amendes; cinq francs, lorsqu'on était pris sans vert, la couleur désignée par une des sociétaires de la chambre.

Dans Orléans avec les Orléanais, polis et bien habillés comme on doit l'être dans une grande ville, les environs avec leurs vastes champs de vignes n'offraient à mon imagination aucune idée de cette nature accidentée étalant ses merveilles en Normandie, en Bretagne et même dans le département de la Seine.

Mon séjour dans cette ville n'a pas été aussi agréable. Il me serait possible de raconter plusieurs incidents comiques; je ne leur trouve pas une grande importance pour être notés. C'est dans Orléans que plus tard j'accomplis un des actes les plus sérieux de ma vie, mon mariage. Par ses nombreuses églises dont on aperçoit de très loin les hauts clochers, cette ville donne un aspect des grandes cités de l'Orient, et rappelle, très mesquinement sans doute, avec un autre genre de mœurs, ce que devait être Andrinople sous l'empire romain, lorsque les Grecs et les Juifs ne s'occupaient pas de philosophie, de ce mélange de systèmes matérialistes, métaphysiques et mythologiques, que l'on enseigne encore dans nos lycées. Les habitants d'Andrinople étaient habitués au luxe des jardins et des promenades ornées de fontaines; aux fêtes grandioses, à la libre-pensée, à la libre parole et à tous les exercices que procurent la richesse et l'abondance; ils croyaient à tout ce qu'on voulait, aux dieux de l'Inde, de l'Olympe, de la Bible et de l'Évangile.

Les rives parfumées du Loiret, situées à une lieue de la ville, sont le refuge des artistes de Paris, des musiciens qui aiment le calme et ne veulent pas s'éloigner de leurs amis. Cette habitude a doté Orléans d'un Conservatoire, académie de musique, subventionné par l'Etat et le département. Cet institut où il y a des professeurs de talent, n'a peut-être pas eu l'argent et l'entraînement nécessaires pour faire aimer l'art mélodieux aux habitants qui s'en occupent moins que dans toute autre ville où il n'y en a pas : faudrait-il attribuer cette indifférence à l'éducation positive et commerciale que l'on donne aux enfants? J'ai toujours aimé la musique; ma myopie m'a empêché d'être bon lecteur et praticien. J'avais pris des leçons au collège. Je voulus, dans une ville où il y a un institut, me donner un maître; j'allais chez lui douze fois par mois. Mon domicile était chez un imprimeur qui, par exception, m'avait accueilli cordialement dans sa famille : pour quarante-cinq francs par mois, j'avais le logement et la nourriture : madame Constant, aidée de sa vieille mère, une Beauceronne, ne parvenait pas, cela se comprend, à faire le moindre bénéfice pour les soins qui m'étaient prodigués.

Mon maître de guitare (instrument de prédilection, en mémoire de ma mère), M. Moreau, professeur à l'école normale, m'exerçait trois fois par semaine au chant et à la composition. Il me fit forcer les notes de ma voix : en quelques mois, j'avais une irritation du larynx qui me procura pour longtemps une vocalisation fausse. J'avais plus de goût pour la composition. Après six mois d'études consciencieuses, mon professeur, habile sur tous les instruments, crut pouvoir me présenter dans la société des artistes. Trop faible pour faire ma partie dans les concerts que nous offrait gracieusement toutes les semaines une riche famille anglaise, je me contentais de faire éditer quelques romances, chez M. Langlart, rue

Sainte-Anne, à Paris : ces romances, je ne sais ce qu'elles sont devenues.

Pendant mon séjour à Orléans, il n'était question dans les journaux, que du jugement qui condamnait madame Lafarge (Marie Capelle) à la réclusion à perpétuité. Cette femme du monde, devenue célèbre par son esprit et le mystère du Glandier, avait passionné la moitié de la France ; il y avait plus de Lafargistes que de Léautodistes. Mise en prison en 1841, elle est morte à la suite d'une longue souffrance, le 7 septembre 1852, à neuf heures du matin : sa dernière parole fut :

— Je suis innocente!...

Pourquoi un plus grand nombre de Lafargistes ? Marie Capelle résumait en elle une trilogie bizarre, dont chaque partie était et sera toujours chère à la nation française : les idées de la révolution de 1789 ; les victoires glorieuses de Napoléon Iᵉʳ, et le romantisme qui était accepté par tous les écrivains, laissant la routine classique, pour continuer la morale sociale essayée seulement pendant la tourmente révolutionnaire.

Madame Lafarge, avec son éducation mal dirigée, son instruction de couvent et son tempérament nerveux, ne pouvait mieux prouver à ses contemporains ce que peut produire cet enseignement dont les principes superstitieux, obscurs, sans preuves, sont un amalgame de liberté et de despotisme militaire, de classico-romantique, de philosophie métaphysique, de théologie ; raisonnements chimériques où la plus grande intelligence humaine est déviée.

D'un autre côté, les Léautodistes ne se recrutaient que parmi une certaine classe de citoyens privilégiés, fréquentant la noblesse et l'aristocratie financière, représentant les idées révolutionnaires de la royauté des d'Orléans, qui à cette époque peu hardie, pouvait cependant entraver les efforts d'un progrès latent, mais certain, qui se faisait dans le peuple, pour aller se heurter contre l'ambition et l'impuissance d'un poète illustre, Lamartine ; pour tomber dans les pièges du clergé devenu bonapartiste. Le progrès social marcha sur toutes les ruses du neveu de

Napoléon Ier et parvint à s'établir plus solidement le 4 septembre 1870, au grand étonnement des gens qui ne veulent pas croire à l'évolution toujours active des idées humaines.

Il faut lire les œuvres de Marie Capelle, pour se convaincre que mon appréciation n'est pas erronée. Son style négligé va jusqu'au charme : il y a du J.-J. Rousseau et du George Sand ; mais y découvre-t-on une idée bien saine ? c'est un salmigondis de toutes les morales qui sont sorties du cerveau des hommes.

La famille de M. Lafarge n'avait obtenu aucune sympathie dans l'opinion publique : le savant Raspail qui n'a jamais été de l'Institut parce qu'il n'a pas voulu se prêter aux formalités ennuyeuses exigées, avait prouvé à Orfila qu'il n'avait pas trouvé assez d'arsenic pour conclure à un empoisonnement.

La belle défense de Me Lachaud n'a pu sauver la pauvre Marie ; victime de son éducation mystique et mondaine, elle a été jugée coupable : la lecture de son procès laisse un doute en sa faveur.

En 1851, Marie Capelle, bonapartiste, graciée

par Napoléon III, refusa la liberté que le jugement infaillible de son procès ne permet pas. L'amitié et la fidélité ont reçu son dernier soupir... De Nantes où elle demeurait, Clémentine arrive aussitôt pour donner ses soins dans un établissement thermal : le sort de sa maîtresse doit être l'objet de ses méditations. Les journaux nous ont appris la mort de madame Lafarge : l'abus du café la délivre prématurément d'une existence sans illusions de l'espérance.

Mademoiselle de Nicolaï mariée à M. de Léautaud, sous-préfet à Brest, descendit dans la tombe, en cette même année; elle a succombé à une fièvre intestinale, maladie endémique de cette contrée humide : les deux amies devenues ennemies, sont disparues en même temps. Cette malheureuse célébrité vivra dans ses œuvres, sa seule et dernière consolation.

Mais j'en étais à mes leçons de musique : si la musique a de l'attrait pour les personnes sensibles, elle est aussi l'occasion de rencontres imprévues. M. Langlart, mon éditeur de romances, avait mis dans sa lettre un petit pli à l'adresse de madame Thérésia Démar. La dame, amie de Chérubini, avait été harpiste à la cour de Napoléon Ier : le guerrier galant, ébloui de la beauté naissante de Thérésia, l'avait comblée de ses faveurs. Ne connaissant pas cette ancienne artiste, je priais M. Moreau de remettre le pli en question. Mon professeur me fit observer que je devais profiter de cette circonstance ; que les conseils de cette dame me seraient très utiles. Je ne les ai pas assez écoutés, ses conseils, ses leçons.

Thérésia Démar n'était plus qu'une inconnue à Orléans (tout passe, même les dieux) ; elle composait encore beaucoup d'études et de jolies romances avec accompagnement de piano et de harpe. Pour remplacer la guitare, elle avait inventé une petite harpe portative nommée dilate : le célèbre Grétry, l'ami de Voltaire, compositeur de trente opéras, appréciait son talent remarquable.

La bonne dame avait été directrice de l'Athénée de Paris, avec son ami Chérubini. Depuis un an, pour des raisons de famille, le domicile conjugal avait été abandonné ; son mari, âgé de soixante ans, préparateur d'expériences de chimie, demeurait à Paris; Thérésia avait enjambé la soixantaine en conservant encore un reste de beauté ; cette séparation lui faisait perdre cent francs par jour, qui fondaient immédiatement entre les mains des deux époux.

L'ancienne favorite de la cour impériale me reçut très bien et plus exactement trop bien, ce que je vais expliquer. Quelques jours après ma première visite, nous étions intimes : je fus chargé de lui rédiger une annonce pompeuse de ses anciens succès, dans les journaux de la localité et par des circulaires : la dépense peu importante avait été avancée sur mes appointements ; la pauvre artiste ne roulait plus sur l'or ; cinq, six élèves la payaient le moins possible ; la dette est restée oubliée.

D'origine allemande, malgré son âge, il lui restait une certaine fraîcheur de jeunesse ; sa chevelure abondante et blonde dissimulant des fils d'argent, se mariait bien avec des yeux bleus provocateurs et une peau teintée de rose.

— Venez me voir tous les jours, me dit cette dame : je ferai votre éducation en retour de votre généreux service ; vous avez de mauvais principes ; dès demain, à l'occasion de ma fête, je compte sur votre bonne volonté ; je donne une petite soirée ; vous ferez danser mes élèves.

On était au mois d'octobre. Je remerciai sincèrement de cette faveur particulière, ma nouvelle maîtresse de musique. Le lendemain, je me présentais avec un gros bouquet, ne pouvant croire en ce temps de ma jeunesse, qu'une friandise, une bouteille de liqueur eût mieux fait son affaire : j'avais commis une bévue, cela m'arrive souvent. Toujours est-il que j'assistai à une de ces réunions de jeunes filles, dont la candeur est ce qu'il y a de plus séduisant ; elle laisse un souvenir ineffaçable dans la vie d'un homme. Madame Bertrand, maîtresse de piano, au Havre, m'avait fait connaître ces charmantes petites soirées d'artistes-élèves : la soirée de madame Thérésia devait être la dernière : une vingtaine de ses élèves de douze à quinze ans, dansaient entre elles, formant, faute de cavaliers, une corbeille de fleurs nouvellement écloses.

Parmi ces danseuses occupées à dérouler une

ronde aux accords de la harpe, une seule attira
mon attention par sa figure expressive, ses
réponses spirituelles, ses seize ans ; cette personne instruite et musicienne devait partager
mon destin, après trois ans d'hésitation et lorsque j'eus perdu l'espoir de posséder Titole.
Notre mariage fut accompli à Orléans ; cette
gracieuse femme, d'une famille honorable et
noble, m'aimait sincèrement ; j'aurais été très
heureux, si une maladie nerveuse, constitutionnelle, ne m'avait forcé, deux ans après cette
union, et la naissance d'une fille, de la conduire
dans une maison de santé où elle devait rester
vingt-deux ans! pour mourir avant la perte de
ma chère enfant qui, atteinte du même mal,
succomba à dix-sept ans...

Au moment de signer l'acte de mariage, une
prudence tardive me fit prendre des renseignements auprès de son médecin, M. Corbin,
qui me rendit un très mauvais service en m'as-
surant que les attaques de nerfs disparaîtraient
promptement.

Ordonner comme remède, le mariage, c'est
un conseil maladroit, perfide. J'ai étudié long-

temps ces maladies dites nerveuses qui aboutissent à l'aliénation mentale ; cette étude m'a donné la conviction que le mal, outre qu'il est incurable, est un poison latent, contagieux, autorisé légalement par les docteurs, à être inoculé dans le sang de plusieurs générations.

Madame Thérésia n'avait pas voulu céder au désir que je lui avais exprimé de me présenter aux parents de la jeune fille dont l'esprit m'avait séduit. Je n'ai pu savoir le motif véritable de ce refus. (Il est impossible de connaître le fond de la pensée des femmes, me disait mon ami P...) Croyant que je cherchais à me marier, elle me ménageait des entrevues avec une autre demoiselle de quinze ans, pour laquelle je n'éprouvais aucune sympathie : fille unique d'un propriétaire d'établissement de bains, elle possédait un peu de fortune. Maintenant je puis juger de sang-froid la position singulière où je me trouvais il y a quelque quarante ans : madame Thérésia avait raison d'en agir ainsi ; la franchise lui a fait défaut. Si je m'étais rendu aux tendres et timides avertissements de maman, Petit eût été sans doute plus heureux : la situation était loin d'être la même que celle de J.-J. Rousseau avec madame de Warens qui n'avait que trente ans.

Je vais raconter, pour être mieux compris, ce qui m'est arrivé avec cette bonne dame ; car je n'y vois aucun inconvénient. Un jour, après avoir pris ma leçon de chant, elle m'invita pour le lendemain, sans aucune intention apparente, à venir passer la soirée. Nous étions en novembre : je fus exact au rendez-vous, à huit heures : maman était près de la cheminée, causant avec un homme que je n'avais pas encore rencontré chez elle ; mais que je soupçonnais être le directeur de l'établissement des bains. Il y avait une table chargée de gâteaux, deux bouteilles de vin blanc, un flacon de rhum et la théière devant un bon feu. Le monsieur prit un verre de vin et nous laissa en tête-à-tête. J'étais très sobre à ce moment ; ce n'est qu'à l'âge de trente-cinq ans, qu'une solitude forcée qui n'a jamais été dans mes goûts, me fit buveur de bière et fumeur de cigares : je ne méritais aucun éloge pour cette tempérance ; n'étant pas sensuel, je n'éprouvais d'autre sen-

15.

timent que celui de l'amitié ; cette passion pour l'idéal me portait à aimer les causeries intimes ; l'on sait que je suis l'adversaire des prix de vertus : je ne voulus pas faire honneur à ce régal improvisé.

Onze heures sonnaient, je me lève brusquement, étonné d'être resté si tard : j'ai oublié ma clef ; il faut que je rentre ; je vais troubler le sommeil de mon propriétaire, n'ayant d'autre entrée que son magasin. Maman me dit :

— Restez, je vous prie, j'ai un lit à vous offrir ; il pleut...

Et elle me serrait les mains ! Aussitôt l'idée me vint de lui faire croire que j'avais retrouvé la clef dans une autre poche ; puis d'un bond, j'ouvris la porte, en lui souhaitant une bonne nuit ; je courus de toutes mes jambes jusqu'à l'hôtel le plus voisin de mon domicile où, essoufflé de ma course, on pouvait croire que j'avais échappé à un danger ; je me mis à rire, ce qui rassura la domestique et calma mon émotion.

Cette cruelle déception n'avait pas fait désespérer le bon cœur de Thérésia. En quittant Orléans, pour me rendre à Paris, elle me chargea

non-seulement de friandises, mais d'une dizaine de lettres pour me recommander à son
mari, à Léontine Fay, à deux chanteuses de
l'Opéra et autres artistes en grande réputation.

Dans la diligence, sept heures de route et de
réflexions, il me revint en mémoire que j'étais
parvenu à me présenter chez la jeune artiste,
ma future épouse, où je reçus un accueil plus
empressé et plus mystérieux que je ne le désirais : je pensais aux précautions que l'on me
recommandait dans mes visites, sans pouvoir
deviner la cause. Je l'ai expliqué plus loin ; la
mère, veuve depuis peu d'années, mettait tous
ses soins à me faire ignorer les convulsions.

Titole m'apparaissait ; j'entendais sa douce
voix me dire : Vous m'oubliez et je vous aime
toujours... On lui avait rendu la liberté : je recevais de temps en temps, des lettres pleines
d'affection ; les cent lieues qui nous séparaient
et l'absence, le tombeau de l'amour, dit le proverbe, n'avaient fait qu'augmenter le désir de
nous revoir.

J'aimais plus fortement peut-être que la
pauvre enfant ; son séjour au couvent avait

excité ses illusions. Dans son intérêt, je profitais des moindres occasions pour rompre
une liaison qui ne flattait pas l'orgueil de ses
parents, nous promettant des obstacles sans fin.

De Paris où je ne me suis arrêté que pour
faire une visite à mes deux cousines, madame
La Barbe et madame Le Play, je revins habiter
le Havre pendant un mois; je ne conservais
aucune correspondance ni avec Orléans ni avec
ma chère Titole. Mon père avait bien voulu
me recevoir pour m'aider à guérir une espèce
de bronchite que l'on attribuait à mes leçons
de chant, inconvénient qui arrive souvent si
le professeur n'a pas le talent d'apprendre à son
élève une vocalisation naturelle. A la fin de
mai 1843, je devais m'embarquer sur le bateau
à vapeur le *Morlaisien* ; traversée de trente
heures pour arriver à Morlaix et me rendre à
Brest, par la voie de terre, distant d'une quin-
zaine de lieues. La veille de mon départ du
Havre, je rencontre sur le pont d'Ingouville,
qui a disparu avec les fossés, mon ancien camarade Charles Vacquerie que j'avais connu
chez son beau-frère M. Lefèvre, négociant ar-

mateur, qui nous donnait des soirées dansantes très gaies dans son hôtel de la rue Dauphine.

Charles Vacquerie, frère du rédacteur en chef du journal *le Rappel*, me dit :

— Je sors à l'instant de chez votre père. Voulez-vous me faire le plaisir de venir à Villequier? Nous partons ce soir.

— Impossible, monsieur Charles; ma place est retenue sur le *Morlaisien*; demain, je livre mon destin à l'Océan.

— Je le regrette, me répond M. Vacquerie; nous aurions repris nos bonnes relations d'autrefois; mais vous savez sans doute que je suis marié? Je vous présente ma femme, la fille de M. Victor Hugo.

Charles tenait à son bras une jeune femme de dix-huit ans, au teint pâle avec de jolis traits mignons, d'une taille moyenne et tout habillée de noir. Selon l'habitude anglaise, je leur serrai les mains, en souhaitant de nous revoir bientôt, à Paris.

La mer était belle; je débarquai à Morlaix sans avoir été malade; je fus cruellement surpris, le lendemain de mon arrivée, en apprenant que

mon ami Charles et la fille de M. Victor Hugo
avaient péri au milieu de la Seine, vis-à-vis
Lillebonne, à la suite d'une fausse manœuvre
ou d'un coup de vent dans la voile de la barque.
A cette nouvelle imprévue, j'eus le frisson et
selon mon habitude, je me pris à réfléchir longtemps aux misères de la vie ; car si je n'avais
été forcé de partir pour Brest, j'aurais été au
fond du fleuve avec ces malheureux jeunes ma-
riés qui perdaient bonheur et fortune : oui.....
mais que de souffrances, peut-être, dans une
longue existence, cette triste fin leur a épar-
gnées....

Je ne connaissais le Finistère que dans mes
lectures. L'aspect du pays me fit regretter aussitôt d'y aller séjourner : j'avais écouté plutôt
le cœur que la raison ; ce défaut capital avec lequel j'ai lutté sans cesse, est encore celui qui
me domine après l'âge de soixante ans.

En pensant que j'étais à vingt-cinq lieues du
pays de celle qui n'a cessé de m'aimer et de
rester l'ange idéal de mes rêves, je me suis consolé.

Depuis mon départ d'Orléans, aucune lettre

de Titole ne m'était parvenue. — Pendant un an, ferme dans ma résolution, et pour ne pas faiblir, je crus réussir en mettant en œuvre un mauvais moyen; ce moyen bien simple était une correspondance avec la mère de ma future femme : le remède fut pire que le mal.

On ne devrait rien changer dans son cœur, lorsque tout n'est pas fini, lorsque le destin inexorable n'a pas jeté son voile lugubre qui doit arracher le dernier espoir caché au fond de notre pensée. Durant ces longs mois, la tristesse étreignait mon être : les côtes du Finistère, malgré le charme qu'elles font éprouver dans leur perspective pittoresque, sont aussi ennuyeuses, aussi misérables que l'on puisse se l'imaginer. Je n'entendais parler que la langue bretonne. L'absence du soleil, l'air humide et malsain, les habitants froids, sales, défiants, me rendaient insupportables ces contrées silencieuses et incultes. A tout prix, je voulais m'éloigner de ces rochers battus par des tempêtes incessantes qui m'accablaient de mélancolie.

Avec l'approbation paternelle, me voilà parti

en Picardie pour résider à Abbeville. Une belle-sœur de mon père, directrice des postes, m'envoie une lettre à mon adresse. O surprise!... Titole éplorée priait mes parents de lui faire connaître mon domicile; Titole me suppliait de venir la voir, de répondre immédiatement à sa lettre pleine de doux reproches, en me promettant que mes lettres ne seraient plus saisies.

Ma ferme volonté est encore prise en défaut. Je me livre de nouveau à une volumineuse correspondance pendant une année; l'on s'aimait toujours; Titole et Jules ne cesseront d'être fidèles! Les obstacles entre deux amants qui se sont passionnés longtemps excitent le désir de se revoir.

A la fin de 1844, mon meilleur ami m'annonça que, père de trois filles, un garçon venait de naître et combler ses vœux : « Je serais le plus heureux des mortels, m'écrivait-il, si vous consentiez à être le parrain de celui qui doit perpétuer le souvenir de mon existence. »

Pouvais-je refuser une occasion qui, en me faisant dépenser beaucoup d'argent, il est vrai, m'offrait une délicieuse fête de famille et me promettait toutes les jouissances que l'on puisse envier sur cette terre? l'amour, un ami et un pays où j'avais connu le bonheur. A cet heureux moment de ma vie, j'ai composé une romance pour la remettre à Titole : je la transcris ; les personnes qui savent aimer pourront la redire.

LA REVOIR OU MOURIR!

I

J'écoute en vain son pas léger ;
Son absence me fait songer ;
Sa voix si douce, je l'implore ;
Par quel destin me la ravir ?
    Je veux encore
La revoir ou mourir !

II

L'attente trouble mon espoir,
Et la rose qui chaque soir
Me disait : reviens à l'aurore,
Ah ! ce n'est plus qu'un souvenir.
    Je veux encore
La revoir ou mourir !

III

Je veux revoir ces champs d'amour ;
Bretagne, chante mon retour.

> Que ton ciel d'azur se colore ;
> A toi, bonheur, à toi, plaisir :
> Je veux encore
> La revoir ou mourir !

J. T.

Quatre longues années se sont écoulées ; j'arrive plein d'émotion, près de la charmante petite ville de Moncontour ; le bonheur m'attendait... et je retrouvais mon ami : heureux père, heureux parrain et marraine ! Mais depuis ces jours regrettés, un nuage a passé, des pleurs ont été versés sur ma petite marraine : à vingt et un ans, Marie, sœur de mon filleul, disposant de sa personne, laissa les douces affections de la famille, pour se dévouer à la souffrance sous le nom de sœur Angélique.

Ma première préoccupation était de rencontrer Titole pour lui dire que je l'aimais comme au premier jour, obtenir le consentement à notre mariage et s'il se présentait de nouveaux obstacles, de lui faire mes adieux éternels...

Après deux jours de fêtes à l'occasion de la naissance du fils de mon ami, je reçus des mains de la bonne Hélène, notre fidèle confidente, une lettre écrite par la volupté de l'amour, avec cette passion, ces pensées que, seules, les jeunes filles de dix-huit ans savent dépeindre en découvrant les ardents désirs du cœur qui oublie de mettre un voile sur la pudeur... Elle terminait sa tendre missive par cette singulière invitation :

« Demain à dix heures du matin, je serai à P... qui a entendu nos serments; je ferai ma prière dans l'église pendant le déjeuner de mes parents. »

Cette lettre, je la couvrais de baisers... ces pages pleines d'amour étaient le roman de ma vie!... et cependant j'ai eu le courage, la trop grande délicatesse de m'en séparer, de les remettre et bien d'autres, à une amie, avant l'accomplissement du mariage de raison avec la jeune fille d'Orléans.

Mes bons amis sont disparus : la personne qui possède les pages où sont développées les ardeurs d'un cœur naïf et pur, doit les garder en mémoire des tourments que j'ai voulu exprimer bien imparfaitement, dans un petit poëme.

Mais je retourne en toute hâte à mes beaux jours de jeunesse. L'on doit deviner mon impatience d'être au lendemain : je me couchai très

tard pour me lever tôt; la nuit n'en fut pas
moins longue; les châteaux en Espagne étaient
à peine bâtis que la fièvre et l'insomnie les
renversaient. Les heures étaient des siècles :
ne pouvant dormir une seule minute, je m'ha-
billai à cinq heures du matin, avant le lever du
soleil. Déjà fatigué, déjà tremblant dans l'attente de revoir celle qui me témoignait tant de
fidélité et d'amour... je parcourus la campagne
dont la parure blafarde et desséchée annonçait
l'approche de l'hiver ; jusqu'à l'heure convenue,
je fis, sans exagération, au moins cinq lieues.

Au dernier coup de dix heures, j'ouvre la
porte de l'église... seule, à genoux, au milieu de
la nef, j'aperçois une femme en robe rose sur
laquelle s'épanouissait une blonde chevelure;
Titole ! c'était elle, pâle et très émue... Ah !
qu'elle était belle ainsi sur les dalles froides de
ce temple désert. Mes yeux sont mouillés de larmes : je n'ose approcher... tous mes sens sont
paralysés : cependant, je fais un suprême effort;
me voilà dans les bras de Titole qui m'aime et
me désire depuis son enfance... Le cœur agité,
troublé, nous empêchait de prononcer une seule

parole : enfin, après cinq minutes d'un bonheur indicible, je pus lui dire :

— Notre entrevue dans ce lieu sacré est une imprudence; nous ne pouvons rester ici sans être surpris par quelque villageois; il faut prendre une détermination immédiate; les parents qui saisissent mes lettres, vont remarquer cette absence pendant le repas.

Titole embarrassée me montre les orgues où nous courûmes nous réfugier sans penser que l'on eût été plus en sûreté hors du village. Nous étions pénétrés d'une vive inquiétude : je voyais à chaque instant la porte s'ouvrir, le curé ou les domestiques avertis, leurs résidences n'étant séparées que par un humble cimetière où les morts dormaient sous les murs de l'église. Ma chère Titole était décidée à tout, même à fuir en Angleterre, pour nous marier sans la formalité du consentement.

La question d'argent qui vient à bout des difficultés les plus grandes mit des obstacles à cette passion approuvée lorsqu'on a vaincu les prétentions, les guides de la prudence et de l'expérience de la famille.

Peu de jours avant ce délicieux moment passé dans une sainte église, M. de R..., jeune officier décoré avait enlevé mademoiselle de G... : une chaise de poste favorisa leur fuite jusqu'aux bateaux à vapeur de Saint-Malo, faisant les voyages aux îles anglaises. La misère se fit sentir et ne tarda pas à les faire rentrer dans leur pays. Il y eut procès au tribunal de Rennes. Mademoiselle de G... était enceinte. Le consentement au mariage ne fut pas accordé : M. de R... resta dans sa chambre, condamné à quelques jours d'arrêts.

Je racontai cette triste fin d'amour à ma petite Titole qui m'écoutait penchée sur mes genoux; sa gracieuse figure appuyée sur ma poitrine, était couverte en partie de sa blonde chevelure, ce qui donnait à ses yeux noirs un éclat encore plus vif, plus passionné ; je ressentais un frisson répandu dans mes veines, cet amour pur et vrai dont la jeunesse a le privilège de jouir.

En cet instant, dans une position peu dévote, nous entendîmes la porte grincer sur ses gonds; Titole se leva et regarda au-dessus de la balus-

trade; sa terreur fut grande en reconnaissant sa
mère qui, sans hésiter, probablement parce que
nous avions été trahis, monta avec rapidité l'escalier : d'un bond, elle prend sa fille par le bras,
en me disant avec une colère concentrée :

— Mon mari saura venger cette insulte.

Sans me déconcerter, je lui répondis :

— Madame, je suis ici le protecteur de votre
fille et non le séducteur; je vous prie de la laisser sortir seule, vous resterez avec moi.

Titole courait éplorée; je me rapprochais de
sa mère en lui conseillant de consentir à notre
mariage, afin d'éviter le scandale. Nous sortî-
mes de la petite église de P... témoin discret
de nos paroles d'amour pendant une demi-heure
seulement, Titole auprès de moi et la mère fer-
mant la marche. Avant de quitter pour toujours
celle qui devait rester dans mon cœur jusqu'à
mon extrême vieillesse, je prononçai ces derniers mots :

— Je suis aux ordres de M. le comte de...

Errant au milieu des ajoncs, j'attendis la fin
du jour pour rentrer chez le père de mon filleul.

Mon bon ami, en me voyant exténué de fatigue, me demanda ce que j'avais fait depuis mon départ matinal. Selon mon habitude de lui faire connaître toutes mes actions et pensées, je lui avouai mon escapade.

J'ai suivi les conseils de mon mentor plus âgé et d'une instruction supérieure : aujourd'hui, l'expérience me persuade que j'aurais dû écouter les inspirations de mon cœur : l'amour-propre d'une morale stoïque m'a-t-il laissé, sinon la satisfaction, du moins le bonheur du devoir accompli?

Adieu, mon filleul, mes amis, mes grèves silencieuses, mes coteaux plantés de châtaigniers et de vieux chênes, mes belles allées ombreuses où ma pauvre Titole ne me reverra plus... Désormais, une triste existence m'est réservée dans la froide Picardie.

CHAPITRE CINQUIÈME

J'arrive dans les murs d'Abbeville (ville de l'abbaye); la ville, jusqu'en 1855, avait plus ou moins l'honneur d'offrir à son dominateur les clefs de ses portes, posées sur un plat d'or. Nous sommes enfin délivrés du génie malfaisant de Vauban (1). Je fis ma visite habituelle à M. Boucher de Perthes, descendant par sa mère, d'un des frères de la malheureuse Jeanne d'Arc, brûlée vive par les prêtres, comme d'autres victimes que le fanatisme clérical peut compter par milliers. M. de Perthes, habitant honorable d'Abbeville, son lieu de naissance, était riche, poëte, littérateur, philosophe et surtout célèbre archéologue, président de la société des Antiquaires d'Amiens.

(1) Le marquis de Vauban, maréchal de France, mort en 1707, avait le génie des fortifications, il contribua beaucoup aux victoires de Louis XIV ; mais déjà à cette époque, les villes fortifiées n'offraient plus les mèmes nécessités de défense. Il faut toutefois rendre justice aux idées libérales de Vauban, qui lui valurent les disgrâces du Roi-Soleil.

En 1825, on chantait sur tous les théâtres et dans les rues, une de ses spirituelles chansons en faveur de la liberté des nègres ; je n'en ai retenu que le refrain :

> Petit blanc, mon bon frère,
> Ah ! petit blanc si doux,
> Il n'est rien sur la terre,
> D'aussi joli que vous.

M. Boucher de Perthes avait l'esprit libéral si ce n'est républicain ; ses prétentions à la noblesse, en prenant le nom de sa grand'mère, pouvaient satisfaire son goût d'archéologue : à l'âge de soixante ans, il publia plusieurs volumes sur l'archéologie préhistorique et les transformations terrestres, ouvrage d'une valeur réelle, connu de quelques savants français et étrangers. A soixante-dix ans, il eut la satisfaction d'être le premier, en France, à mettre la main sur la mâchoire d'un homme de l'époque des terrains quaternaires. Cette précieuse mâchoire se cachait dans une éternité de dix mille ans, si je puis m'exprimer ainsi, au fond d'une carrière d'alluvion de Moulin-Quignon, aux portes d'Abbeville. On peut voir cette mâchoire au musée du château de Saint-Germain en Laye, salle de Perthes, où le portrait de celui qui a fait cette découverte est placé au centre des curieuses antiquités qui encombraient autrefois son domicile. Le nom de M. de Perthes fut connu de toute l'Europe. On a calculé que les terrains quaternaires dataient d'environ vingt mille ans (1), ce qui dérange la légende biblique. Peu de temps après on a découvert en Amérique des squelettes humains que l'on croit être de cette époque éloignée. Les os peuvent-ils être conservés pendant une période de vingt mille ans? La nature a des procédés, des ressources inconnues que le plus habile chimiste ne pourrait imiter. L'origine de l'homme est plus ancienne qu'on ne l'avait supposé : la théorie de Darwin nous donnera par l'expérience, une preuve certaine de la haute antiquité de l'humanité.

L'honorable et regretté M. de Perthes vivait littéralement enfoui au milieu de ses anti-

(1) Les terrains quaternaires ont plus de vingt mille ans ; mais on peut admettre cette date pour les cataclysmes qui ont formé les alluvions.

quités : sa bague, son sablier, son écritoire, son
fauteuil, son cabinet de travail, ses apparte-
ments et jusqu'à ses vêtements, tout ce que
l'on voyait, vous reportait aux dates éloignées
du travail de l'homme sur notre planète (1).

Après un entretien intéressant sur les dolmens de la vieille Armorique (Terre près de la
mer), qu'il m'eut fait connaître ses regrets de
ne lui avoir pas trouvé un ustensile des Celtes
ou des Kymris, il me présenta une lettre.

Cette lettre le priait de me faire savoir que l'on
était décidé à me poursuivre par tous les
moyens possibles, si je continuais ma correspondance avec Titole et si j'acceptais une entrevue secrète avant qu'elle n'ait atteint sa majorité ; à cet âge, on donnerait peut-être son
consentement si elle persistait dans les mêmes
sentiments.

M. de Perthes, vieux célibataire, avait d'a-

______

(1) Ce savant a vécu quatre-vingt-dix ans. Pendant
quarante ans, tous les matins, en été comme en hiver, il
faisait un plongeon dans la Somme ; lorsqu'on voyait son
domestique briser la glace pour lui préparer son bain,
le frisson vous prenait si fort que l'on n'était pas tenté
de l'imiter.

bord pris un ton grave en commençant la lec-‹ ture de cette singulière épître ; il ne put l'achever sans rire :

-- Déchirez cette lettre, me dit-il, je ne veux pas répondre à ce monsieur, que je ne connais pas, qui signe marquis de K....., un parent, sans doute, de la jeune fille qui ne mérite pas autant de fidélité de votre part. Je vous conseille d'abandonner vos projets ; vous êtes jeune ; ces personnes, du fond de leur manoir, pourraient vous faire tort auprès du ministre (1).

Le marquis breton s'était très mal adressé à mon archéologue qui m'estimait beaucoup et comprenait trop qu'on devait être sensible aux charmes du beau sexe.

(1) Extrait d'une lettre de ce savant homme, qu'il m'adressait le 7 septembre 1850.

Monsieur Tréfouël,

J'apprends avec plaisir, par votre lettre du 4 septembre, que vous habitez Brest. Je vous félicite d'avoir obtenu par vos bons services et votre sage conduite, de pouvoir étudier les origines Celtiques.

Si vous trouvez un objet rare et authentique, faites le savoir.

Agréez, M., l'assurance de mes sentiments affectueux.

Signé : B. de PERTHES.

16.

. Cette affaire absurde et inconvenante à laquelle j'étais loin de m'attendre, me décida
pour le mariage plus tôt que je ne l'aurais voulu.

Le bon M. de Perthes avait fait tous ses efforts pour empêcher cette décision subite. J'é-
crivis à madame Thérésia :

« Je suis disposé à épouser la jeune fille que j'ai ren-
« contrée chez vous, le jour de votre fète, en 1841. »

Cette demoiselle avait reçu une instruction
supérieure ; musicienne, gracieuse et de noble
famille, elle descendait des comtes de Hust et des
princes Castriot qui avaient régné en Albanie
au quinzième siècle : par ces princes on est parvenu à établir une généalogie remontant à une
sœur d'Alexandre le Grand : son père décédé
en l'année 1835, avait été capitaine de la garde
Royale de Charles X.

Ce mariage sans fortune appelé convenable,
dans le monde, fut la cause de déceptions et de
privations qui durèrent vingt-cinq ans ; la moitié de mon existence perdue : j'ai déjà raconté
plus loin le motif qui m'avait conduit à une
excessive fierté de l'honneur dans une promesse.

Pendant cette seconde période de mon existence, tous les vices de la société venaient conspirer et me reprocher d'avoir voulu le bonheur d'une femme. Les hommes impitoyables trouvaient que ce n'était pas assez de rester l'époux fidèle de celle qui avait perdu tout espoir de vivre auprès de celui qu'elle aimait et de sa fille qu'elle adorait. J'avais encore un doux souvenir dans ma Camille, ma fille chérie : hélas ! j'eus la douleur poignante de la voir dans les angoisses terribles de l'agonie, à dix-huit ans, atteinte de la fièvre typhoïde, dans tout l'éclat de sa beauté, de son intelligence où se développait une douceur angélique, si appréciées de mes concitoyens qui ont bien voulu, en nombre considérable, l'accompagner à sa dernière demeure, en 1863.

Dans cette solitude forcée je ne tenais plus à la vie : il me fallait un remède moral pour ne pas succomber à tant d'adversités. Je le trouvais dans l'étude des sciences, occupation salutaire aux gens de cœur, qui sera ma seule et dernière consolation contre les sottises des méchants qui ne manqueront pas de m'assaillir.

Ce douloureux souvenir du mariage me remet en mémoire le fait d'un évènement mystérieux resté secret dans la famille Marotte du Coudray, à laquelle je m'étais allié; il en avait été question dans les journaux, en 1845; le trop célèbre comte de Naundorff dit Louis XVII venait de mourir en Hollande, à Delft.

Les deux demoiselles de L'Orbette, Alexandrine et Joséphine, filles d'Antoinette Marotte du Coudray, comtesse de Hust et du Saint-Empire romain, épouse de M. de L'Orbette, ancien capitaine de cavalerie de Louis XVI, me firent à cette date de 1845, au sujet du procès du comte de Naundorff, une confidence que je transcris en toute vérité.

« Le comte de Naundorff était notre oncle; il avait les noms de Charles-Alexandre Marotte du Coudray, né à Coudray, arrondissement de Pithiviers, le 15 septembre 1765; marié vers l'âge de vingt-cinq ans à une demoiselle très riche de Senlis, qu'il laissa en 1790, après avoir déposé avec son frère Georges ses titres de noblesse et autres papiers chez le notaire Payen de la ville de Senlis, au mois de mai 1789.

« Alexandre alla rejoindre ses tantes émigrées à Courtray (Belgique) où demeuraient les demoiselles Basta de Hust, la comtesse de Liedekerque, le marquis de Bryas, tous parents de sa grand'mère Basta.

Mais Alexandre fut contraint de quitter la Belgique à la suite des évènements de la révolution ; comme son frère Georges, chercheur d'aventures, homme toujours remuant, voyageant, il alla demeurer successivement en Hollande, à Vienne, à Dusseldorff et à Hust, petite ville de Transylvanie, sur la frontière de Pologne. Son séjour dans ce pays où ses ancêtres avaient possédé des biens immenses, a fait croire à une origine juive dont il avait le type aussi bien que celui des Bourbons : en outre il était baron de Silésie où habitaient un grand nombre d'Israélites. »

En 1845, j'étais jeune et trop occupé de mes fonctions pour prendre un intérêt à cette histoire qui n'avait attiré mon attention que pour une succession très importante ; la ville de Courtray en avait le dépôt ; elle était restée en litige jusqu'à la fin de la révolution de 1789, par l'absence de cet Alexandre Marotte du Coudray qui avait changé de nom et qu'on ne retrouvait plus en Allemagne : la famille savait qu'il se faisait connaître, pendant les guerres de l'empire, pour Louis XVII, duc de Normandie ; mais il changeait à chaque instant de résidence. La prescription de la succession des princes de Basta avait été dénoncée, cependant il était dû et on avait encore l'espoir d'avoir pour notre part plus de cinq cent mille francs.

La demande faite en cour d'appel, en 1874, par les enfants du comte de Naundorff, d'être reconnus en France, me détermina à faire quelques recherches dans les titres qui m'étaient restés au décès de ma femme ; mais malheureusement ses nièces, son frère Georges, sa fille et son petit-fils venaient de disparaître de ce monde. Les enfants Naundorff n'ayant apporté aucunes preuves réelles ou nouvelles, furent condamnés à l'amende et aux frais du procès.

Je lus attentivement ces trois cent soixante-quinze pages d'un volume de ce procès habilement présenté par Jules Favre.

Cette étude fortifia ma conviction que la famille Marotte du Coudray m'avait dit la vérité.

Je ne veux pas écrire de longues pages sur cette étrange aventure qui n'a été mystérieuse que par la ténacité de l'auteur à jouer son rôle de prince royal jusqu'à l'extrême vieillesse : ce rôle, il le soutint avec énergie pour son honneur et à cause de son second mariage avec une femme de chambre, accompli à l'étranger pendant l'existence de sa première femme. S'il eût été réellement Louis XVII, sa fierté de race se serait opposée à un mariage si humble ; il serait resté célibataire.

Alexandre Marotte du Coudray, comte de Hust, comte du Saint-Empire, seigneur de Nangeville et autres lieux, très riche par lui-même et par sa femme, était comme son frère Georges, un homme de grande taille, robuste et viveur ; dès l'année de 1790, il était ruiné ; ses biens vendus, il laissa subitement sa femme ; la dot n'avait pas suffi pour payer ses dettes.

Son père, Jules du Coudray, mort à Pithiviers en 1780, à l'âge de soixante-deux ans, capi-

taine-général des gardes du corps de Louis XVI,
était désigné sous le nom de beau garde. Phi-
lippine du Coudray, sa mère, née de Montry,
morte à Paris en 1770, avait été dame d'honneur de la reine et l'intime amie de Louis XV
avec lequel elle était toujours en compagnie et
dans son carrosse : sa beauté remarquable fut
chantée par les poëtes Dorat et Colardeau ; un
prince de la famille des Bourbons fut son
amant, c'était l'habitude en ce temps immoral
de l'aristocratie.

Ceci expliqué, il n'est pas étonnant qu'en arrivant à Dusseldorf, Alexandre ait voulu laisser croire qu'il était le fils de Louis XVI; tous
les secrets de la cour lui étaient connus par son
père et par ses tantes, la marquise de V... et la
comtesse de J... séparée de son mari.

En France et à l'étranger, on ne croyait pas
au décès du fils de Louis XVI, l'acte original
avait été égaré il est vrai ; mais la copie signée
des deux témoins qui existaient encore était
suffisante. Alexandre profita de cet incident peu
important. On le voit en 1808, ce qui est constaté au procès, possesseur d'un passe-port au

nom de Charles-Guillaume de Naundorff, né à Weimar, âgé de quarante-trois ans.

Étant né en 1765, il n'y avait de vrai dans ce passe-port que son âge ; il a eu soin de dire que c'est un inconnu nommé Naundorff qui le lui avait remis ; mais les recherches faites sur ce Naundorff prouvent l'origine de ce nom ; il déclara en même temps qu'il n'avait que vingt-cinq ans. En effet, à quarante-trois ans, il pouvait avouer vingt-cinq ans, comme son frère Georges que j'ai bien connu, n'accusait au premier aspect que soixante-dix ans au lieu de quatre-vingt-dix.

Avec ces renseignements qui peuvent donner une certitude presque authentique, je suis arrivé à cette conclusion :

1° Un gentilhomme de la cour pouvait jouer le rôle de Louis XVII : ce gentilhomme était Charles-Alexandre Marotte du Coudray connu sous le nom de Charles-Guillaume Naundorff. Il ne paraissait avoir que vingt-cinq ans, l'âge réel de Louis XVII, né en 1785, lorsqu'il en avait quarante-trois. Ce n'est qu'à la date de 1808, en éveillant les soupçons de Napoléon, qu'il affirme avec plus d'audace être le fils de Louis XVI; mais sans donner aucune preuve : c'était agir avec prudence; il avait bien les traits de son ancien souverain et il ressemblait encore plus à un Juif arabe. Dès l'époque de Louis XIV, ses parents avaient toujours vécu à la cour; sa mère avait eu toutes les faveurs de Louis XV. Lorsqu'il déclarait être prince et de race royale, il disait vrai ; c'était une équivoque dont il se servait habilement, prévoyant avec raison qu'il aurait pu être trahi par sa famille et ses amis émigrés. Ses titres, sa généalogie très authentique, sont en ma possession. Il avait le droit de se faire appeler prince du Saint-Empire romain, duc de Santa Pietro ; ses armoiries sont surmontées d'une couronne royale. Par sa grand'mère, Marie-Charlotte Basta, il descendait du célèbre Georges Castriot, roi d'Albanie, qui pendant vingt-cinq ans, par son génie et sa valeur, a préservé son pays, l'Italie, la France et la papauté de l'invasion des Turcs en possession de Constantinople (1455) (1). Les

(1) On ne peut citer les victoires extraordinaires de Georges Castriot, contre les Turcs sans rappeler l'ori-

Castriot étaient originaires de la Macédoine et alliés aux anciens empereurs grecs. Georges Castriot, le dernier prince régnant d'Albanie, dernier héros de la Macédoine, était surnommé par les Turcs, Scanderbeg (seigneur Alexandre) ; sa généalogie le faisait descendre d'une sœur d'Alexandre le Grand (Alexandre, nom grec, protecteur des hommes).

2º Les deux fils de la comtesse du Coudray de Hust, Georges et Alexandre, avaient été pages, l'aîné, de la reine Marie Leczinska, et le cadet, de Marie-Antoinette.

3º Sous les règnes de Louis XV et de Louis XVI, on avait pris la bónne habitude (J. J. Rousseau avait publié son *Emile*) d'avoir un métier. Alexandre avait le métier d'horloger ; un des meilleurs horlogers de Paris venait chez lui : en peu de temps, il put régler les montres des gentilshommes de la cour et travailler dans l'atelier du roi.

gine de l'angélus que l'on pratique encore dans les nations catholiques : cette coutume fut ordonnée en mai 1453, on ne sait par quel pape, il y en avait trois, afin d'avertir les fidèles de prier pour Castriot et les Hongrois qui combattaient sous ses ordres.

4° Ayant vécu pendant trente ans en Allemagne, parmi le peuple, on conçoit qu'il parlait l'allemand et en avait même l'accent.

5° Il est facile de simuler une cicatrice ou une tache sur la peau comme pouvait avoir le petit prince; à la cour, sa fonction de page lui permettait de connaître les secrets de la domesticité : on sait que les miracles ne réussissent qu'avec les personnes crédules.

6° Le portrait de Louis XVI qu'il portait, n'est qu'une preuve puérile ; Marie-Antoinette pouvait le donner à son page. Jules Marotte du Coudray nommé, pour sa retraite, gouverneur du Gatinais, avait reçu un portrait en faisant ses adieux à son souverain. A la mort de son père, 1780, en l'absence de Georges, officier sous les ordres de Lafayette, en Amérique, ce portrait fut remis en la possession d'Alexandre.

7° Son aïeul, le célèbre Georges Basta, avait été gouverneur généralissime de Transylvanie, nommé baron de Silésie et comte de Hust; c'est ce qui a fait croire, à Berlin, que c'était un Juif de la Silésie ou de la Pologne. Georges Basta avait été au service de la Hollande pen-

dant trente-six ans; cette circonstance explique
pour quel motif la Prusse et la Hollande qui
étaient en guerre avec la France, avaient bien
accueilli secrètement un descendant des Basta
qui voulait jouer le rôle de Louis XVII, et que
la politique dirigée par des nobles français émigrés et naturalisés leur faisait préférer à Napoléon.

8° A l'âge de vingt ans, il allait rarement à
Versailles; les serviteurs du roi l'avaient oublié; il n'en était pas moins au courant de tous
les bruits d'alcôve par les dames d'honneur ou
ses tantes.

9° S'il avait, comme il est dit au procès, des papiers ou certificats signés du roi et de la reine,
ces papiers ne furent pas confiés au ministre de
l'intérieur de la Prusse; à cette date, il ne se
fait pas reconnaître pour Louis XVII; il pouvait être possesseur de papiers très importants
que la reine aurait confiés lors des évènements .
de 1789. La note transmise en 1836, par le préfet de police de Berlin, doit être exacte; tout
prouve qu'il était en cette ville à la date de 1791;
il n'était pas encore connu sous le nom de

Louis XVII ; il avait vingt-six ans et pouvait avoir des relations avec une femme de chambre. Son frère Georges rentré en France sous le règne de Napoléon Ier, se met marchand forain, ambulant, lui fils de général, ancien page d'une reine, oncle d'une famille de marquis et de ducs.

10° L'acte de décès d'Alexandre dit comte de Naundorff, le déclare âgé de soixante ans au lieu de quatre-vingts en réalité ; il est mort de vieillesse et non de misère.

J'ai levé le voile de cette singulière histoire ; le nom de la famille s'est éteint avec Georges Marotte du Coudray, décédé en 1855, à Louviers, à l'âge de quatre-vingt-dix-huit ans. Cet intéressant vieillard me mettait au fait de ce que je viens de raconter en quelques lignes, pendant les bons déjeuners qu'il m'offrait dans son modeste refuge, à Orléans, place Cloître-Saint-Aignan.

Cette mystification a échoué piteusement deux fois, devant les tribunaux ; Alexandre avait sous le nom de comte de Naundorf, une certaine célébrité qu'il a emportée dans la mort, en 1845.

Laissons cette histoire qui a eu un intérêt par la crédulité des personnes qui regrettaient l'ancienne monarchie, pour examiner à cette date de 1845 quelle était la politique de Louis-Philippe et de ses ministres favoris, n'ayant pas prévu une révolution proche et inévitable.

Le duc d'Orléans avait déclaré à Casimir Périer et à Laffitte, qu'il renoncerait plutôt à la couronne que d'abolir les titres de noblesse : ce préambule de son règne fait comprendre que ce vieux système d'aristocratie le conduisait à la perte de son trône : sa conscience religieuse n'était pas forte ; mais il était convaincu que la religion pour le peuple, les titres honorifiques pour l'aristocratie étaient la sauve-garde de sa dynastie.

On invite le clergé à toutes les cérémonies mondaines ; les processions catholiques envahissent les champs et les rues ; l'ancienne noblesse remet à neuf ses armoiries effacées sous la poussière, depuis quinze ans ; les règlements sur les titres sont tombés en désuétude ; les bourgeois enrichis, les hommes de lettres font inscrire à l'état civil facilement, sans frais, des

titres de seigneurs disparus et de terres ache-
tées avant ou après 1789. On ne connaît pas le
jargon de *l'Assommoir* ; les études universitai-
res sont assez bien faites ; mais elles commen-
cent à être entachées de cléricalisme ; beaucoup
de professeurs sont changés ou mis à la retraite ;
le jeune homme sortant des collèges royaux va
à la messe sans prendre encore cet air moqueur,
impoli, crâne, presque canaille que bientôt on
rencontrera dans les villes devenues dévotes.

Les Français avaient la manie du bonapar-
tisme, le souvenir des victoires de l'empereur
leur donnait une vanité ridicule ; le livre de
Thiers, le dernier des gentilshommes bourgeois
(il avait reçu le titre de baron), faisait fortune ;
les cartes de visite portaient une couronne quelconque ; quant aux républicains, ils étaient rares, on n'en parlait pas.

Pourquoi n'en serait-il pas ainsi lorsque le
peuple s'est laissé dominer par l'erreur et con-
fisquer son droit, quand tout espoir de progrès
semble perdu, quand les libertés d'une nation
sont à l'aventure d'un gouvernement satisfait
de son système immuable, pour être remises en

question dans un avenir que l'on croit très
éloigné ? Chacun conserve en secret son opinion politique et philosophique : en attendant
un meilleur sort, on sait que l'on est aussi honorable et aussi marquis que son voisin ; cela
n'autorise nullement à penser comme l'orgueil-
leuse aristocratie.

On ne croyait plus au libéralisme du roi-bourgeois. Les plus clairvoyants parmi le peuple,
restés simples spectateurs d'une politique parlementaire d'orateurs éminents, prédisaient la
chute de la monarchie de Juillet qui cherchait,
comme Charles X, un appui solide sur l'autel,
le refuge des femmes et des ignorants. On était
mécontent de la noblesse ambitieuse, cléricale,
ennemie de l'égalité et de la liberté : le beau côté
de la situation restait pour les libéraux, les pro-
gressistes et quelques républicains qui n'avaient
pas désespéré. La petite bourgeoisie n'était pas
satisfaite de payer patente d'électeur sans être
éligible ; car plus instruite, elle se montrait
moins jésuite qu'on a pu le constater plus tard
sous le règne insensé de Napoléon III.

Le gouvernement est attaqué par des avertissements modérés ; il répond par des moyens misérables, des poursuites contre les journalis-tes, les pamphlétaires, le chansonnier Béranger. Le savant et inoffensif Raspail est condamné à quinze mille francs d'amende. La vengeance va jusqu'à empêcher l'Académie de décerner le prix Montyon de dix mille francs à l'auteur du *Nouveau Système organique* et du *Cours élémentaire d'Agriculture*, qui fit gagner, en 1832, à la maison Hachette, huit cent mille francs ; enfin, Thiers, égoïste et sévère à l'égard des citoyens libéraux, refuse l'autorisation de faire transporter Raspail très malade dans une maison de santé. Les sessions des députés satisfaits étaient consacrées à entendre les beaux et longs discours de Guizot, le professeur, de Thiers, l'avocat du centre, et d'Odilon Barrot, le chef de la gauche; bataille interminable pour obtenir une place de ministre !

Le roi, les ministres Guizot et Thiers étaient décidément les ennemis déclarés des réformes sociales que l'Angleterre, la Belgique et même l'Allemagne avaient accomplies. L'Angleterre nous indiquait la liberté du commerce, l'abolition de l'inscription maritime pour avoir de bons marins ; l'abolition de l'esclavage pour avoir des citoyens travailleurs ; la liberté de la presse, de réunion ; l'engagement volontaire dans l'armée pour avoir de bons militaires. La Belgique et l'Allemagne avaient admis le divorce et faisaient de rapides progrès dans les sciences et l'industrie. La France reste sous le charme malfaisant de ses orateurs : qu'importe si le commerce languit sous des tarifs prohibitifs, avec une échelle mobile des blés et des légumes, et si les chemins de fer ne sont encore qu'à l'état de projet (1) !

Les Français sont avides de belles paroles ; on leur en donne tous les jours ; ils se contentent de l'espérance. Les travaux sont interrompus faute d'argent ; les collèges tombent en ruine ; l'instruction est bornée dans une routine que Napoléon III, dans peu d'années, va continuer en supprimant les cours de philosophie ; les frères de la doctrine chrétienne font la concurrence aux instituteurs laïques ; la foule et les autori-

(1) La protection du commerce produit la routine et l'appauvrissement d'une nation.

tés accompagnent les processions, on ne sait plus à quel saint se vouer ; la misère se fait sentir ; le terrible choléra arrive ; les disettes périodiques deviennent plus fréquentes : l'armée est occupée dans les ports à protéger les déchargements des blés et des pommes de terre ; les fusils sont abaissés sur le peuple ; c'est dans une de ces bagarres que je reçus une balle dans mon chapeau : partout il y a des hommes, des femmes blessés, tués ou arrêtés. Le pain bis est cher et très mauvais ; il fallait attendre six mois pour recevoir les blés étrangers qui élevaient leur prix au fur et à mesure de la demande. Les négociants et les gros financiers hésitaient à hasarder leurs millions dans cette opération sans garantie ; ils avaient devant leurs calculs la menace de cette absurde échelle mobile ; il n'y avait que des navires à voiles.

Les places des fonctionnaires ne sont données qu'à la faveur ; les employés sans avancement sont découragés par la modicité de leurs appointements qui ne doit leur donner qu'une retraite insuffisante, ce qui a fait croire que le fonctionnaire français était un exemple de dévouement, un travailleur à ses dépens, pour la gloire de la patrie. L'employé, père de famille, n'ayant que quinze cents francs pour vivre, après vingt ans de services, est obligé de vendre son patrimoine afin de satisfaire aux exigences de sa position, traverser les disettes et avoir un vêtement convenable. Le directeur général ne répondait plus aux nombreuses réclamations de ses subordonnés : cependant, les Etats voisins accomplissaient des réformes administratives et rétribuaient mieux les emplois.

La misère en 1846 s'étendait dans les villes et les campagnes. Le mécontentement est dans toute la société : seuls, les financiers, les spéculateurs, les grands industriels, les excellences, les monseigneurs s'enrichissent au moyen de ces lois vexatoires que l'on ne veut pas changer.

Pour être juste, il faut ajouter que le peuple n'accusait que les ministres et les députés ; il estimait le roi économe des deniers publics, de soldats et de guerres.

Quelques députés de la gauche, entre autres Ledru-Rollin et Odilon Barrot s'aventurent timidement d'abord, pour demander la réforme des élections, l'adjonction des capacités aux électeurs de droit payant six cents francs d'impôt.

Ledru-Rollin était à la tête du mouvement de l'opinion; en réalité, il était peut-être convaincu de sa mission libérale par la droiture de son jugement, qui en faisait un tribun célèbre. Ses discours énergiques, concis, firent trembler Thiers et Odilon Barrot; quant à Guizot, président du Conseil, il ne daignait même pas répondre à ces interpellations qui étaient la voix du peuple. Louis-Philippe ne se rendait pas compte de l'économie de son gouvernement ni de cette idée très simple sur le changement des mœurs, qui entraîne les peuples dans une évolution continuelle; se croyant dans une forteresse inexpugnable, il s'endort paisiblement.

Je pourrais citer nombre de griefs contre le gouvernement de Juillet, qui a été libéral de 1830 à 1835; mais à quoi bon? ce n'est pas ici mon affaire: l'histoire sous toutes ses formes, racontera, expliquera les faits qui ont perdu le duc d'Orléans. Comme Charles X, sa chute se trouve dans le choix de ses ministres qui adoptaient ses idées réactionnaires : des hommes de talent, certainement ; professeurs et avocats distingués ; mais ils ont fait assister la France, pendant dix-huit ans, à une lutte oratoire futile, stérile, dont le dénoûment a été une révolution, un massacre, puis le despotisme.

Guizot, protestant dans la forme, catholique au fond de sa conscience, voulait prouver invariablement, par ses discours interminables, d'une belle diction classique, que l'autorité de son jugement en politique était ce qu'il y avait de meilleur pour gouverner.

Odilon Barrot, bon avocat, faisait de l'opposition avec des discours qui duraient quatre heures, pour persuader au moyen de phrases à la Chateaubriand, que s'il était ministre, il ferait mieux.

L'illustre petit Thiers, avocat très habile, mais systématique comme ses deux collègues, avait la parole facile et un enchaînement admirable d'arguments qui persuadaient son auditoire autant en faveur de la vérité que de l'erreur : avec cette souplesse de langage qui ne convient bien qu'au barreau, il parvint à remplacer Guizot, le chef des doctrinaires, l'homme honnête et le plus pauvre à la cour des Tuileries.

Thiers, le conservateur (ce n'était plus le libéral de 1830). obtint par son éloquence, les fortifications de Paris : on avait profité d'une menace puérile de guerre avec l'Angleterre ; mais Thiers fut remplacé par Guizot. Désormais, le roi n'avait plus de confiance dans les velléités guerrières de celui qui allait lui faire dépenser deux cent millions pour enfermer la capitale, ce dont, j'en suis certain, ce souverain déjà vieux ne se souciait nullement : comment en eût-il été autrement, lorsqu'il recevait tous les ans des pétitions de toutes les villes fortifiées, afin de les délivrer de leurs fossés inutiles. On se le rappelle, le trésor n'était pas riche ; sept ans plus tard, le gouvernement de 1848 constatait un déficit de six cent millions.

Notre orateur, homme de talent, ne possédait pas, comme je l'ai démontré plus loin, les qualités nécessaires à un administrateur ; il s'en fallait de beaucoup ; il ne se doutait pas alors que son enceinte fortifiée servirait un jour à aider une guerre civile en faveur du vieux système féodal des communes, édité en 1792, pis que cela, à incendier son hôtel, les monuments et les chefs-d'œuvre qu'on ne pourra jamais remplacer.

Thiers aurait dû s'en tenir à ses beaux succès d'orateur ; cela suffisait à sa gloire : ses livres très appréciés du public, n'ajouteront rien à son titre honorable d'académicien. On l'a comparé à l'historien Tacite : il y a peut-être un rapprochement pour le style ; quant aux appréciations philosophiques et aux observations judicieuses et fines, Tacite est un écrivain supérieur ; ses titres, sa noblesse romaine ne paralysent pas son énergie à flétrir les gouvernements qui flattent le peuple. Toutefois, Thiers a le mérite de nous avoir donné une histoire de la révolution de 1789 ; à cette époque, elle manquait dans les bibliothèques.

Le gouvernement de Juillet a légué Thiers à la République de 1870 (1) : qu'en est-il résulté ?

(1) Thiers commet les mêmes fautes qu'en 1840, lorsqu'il

des discours toujours attrayants voulant nous persuader de ne pas faire des réformes ; grand patriote influent, il nous conserve Belfort, tout en restant un esprit hésitant et peu clairvoyant. Président de la République, il confesse qu'il est monarchiste-libéral ; il affirme que la France est centre-gauche ; ce qui veut dire conservation des lois monarchiques du code civil.

La restauration et les deux empires avaient empêché les érudits d'entreprendre sérieusement des travaux sur les. évènements de la révolution de 89. Maintenant, nous avons Louis Blanc, Tissot, Michelet et Alphonse Esquiros, sénateur ; pauvre Esquiros ! quelle existence tourmentée ; la misère l'a tué... puis, Edgar Quinet ; M. Ernest Hamel a fait une étude consciencieuse sur Robespierre.

Ces réflexions sur les livres de notre premier président de la République me conduisent à

était ministre. Partisan de la dénonciation des traités de commerce de 1860, il s'entoure de ministres cléricaux, révoque les maires républicains et son peu de confiance dans la démocratie fait nommer député de Paris, M. Barodet, maire de Lyon, qu'il traite de radical dangereux.

émettre mon opinion en faveur des trois héros qui ont aidé, aux dépens de leur existence, à nous délivrer du despotisme temporel et religieux des rois.

Quatre révolutions en quatre-vingts ans ont été nécessaires pour détruire définitivement les privilèges des classes : trois révolutions ont pris le nom de République ; mais les monarchistes en grand nombre, tous riches, titrés, profitaient d'un malentendu ou d'un moment de discorde, pour empêcher un gouvernement régulier.

La première révolution est personnifiée dans trois hommes célèbres qui ne sont connus que d'une manière imparfaite. Mirabeau et Marat possédaient une vaste science ; la proclamation des Droits de l'homme leur appartient. Robespierre, le troisième par rang de valeur, convaincu de sa mission, voué à la mort pour la patrie, comme ses collègues, s'il a servi la révolution avec une grande habileté, son peu de science et son ambition politique l'ont fait trébucher de toute la hauteur de son siège de tribun, lorsqu'il croyait triompher par les moyens vulgaires de la religion.

Les trois hommes de génie bien connus des lettrés, à l'étranger, ne le sont pas dans leur patrie. Les circonstances malheureuses, les entraves et les conspirations de l'aristocratie n'ont pas permis à la révolution d'achever son œuvre grandiose, de rendre à l'humanité ses véritables droits dans l'existence sociale, son bien-être qui sera dans la liberté, l'égalité et la fraternité lorsque la morale naturelle, universelle aura détruit les superstitions de l'ignorance, le préjugé de la guerre, coutume barbare de nos ancêtres sauvages forcés d'imiter les animaux pour ne pas mourir de faim.

Mirabeau, le prince des orateurs, a été accusé, sans que l'on ait trouvé des preuves bien importantes, d'avoir été un traître, parce qu'il avait reçu de l'argent du gouvernement qui lui était peut-être dû. Le mot est bientôt dit : pouvait-il donc trahir? quel était le motif de sa trahison? La République n'existait pas, il n'était pas et ne pouvait pas être républicain : il était certainement libre-penseur, philosophe, réformateur-socialiste, démolisseur des privilèges de la féodalité. Si Louis XVI lui a offert une pension, c'était en récompense de ses services diplomatiques en Allemagne : le roi avait *peur du Lion*. En tout cas, après avoir payé ses dettes avec son héritage, n'est-il pas resté l'adversaire le plus habile du roi, avec une franchise terrible jusqu'à sa mort?

Pouvait-il prévoir la proclamation de la République qui devait condamner Louis XVI à l'échafaud ? Sans doute, il prodigua ses conseils à ce monarque indolent qui les écoutait sans les comprendre et sans vouloir les suivre. Mirabeau à ce moment, n'avait d'autres préoccupations que de faire accepter ses projets de lois, ses études sur le socialisme, toutes pratiques et justes : il connaissait les œuvres des encyclopédistes, le *Contrat social* de Jean-Jacques Rousseau et savait plusieurs langues vivantes ; en un mot, c'était un littérateur, un savant, un illustre orateur. Son activité infatigable, extraordinaire, la puissance de sa parole éclatante, foudroyante, ont fait la révolution à la date de 1789 : sans cette persévérance fiévreuse, n'ayant ni trêve ni repos, le peuple pouvait encore subir quarante ans de misères profondes !...

Le comte de Mirabeau faisait peu de cas de sa noblesse ; ses beaux discours ont pour principes les droits de l'homme. Sa vie privée était en dehors de la légalité, mais y avait-il une légalité ? On connaît les mœurs absurdes et honteuses de la classe des nobles et des abbés : son mariage impromptu ne fut-il pas une des causes de sa vie aventureuse ? On a blâmé la sévérité de son père séparé de sa femme et vivant avec une madame de Pailly. Pour tout dire, le fils avait le sang bouillant du père qui ne pouvait opérer un grand changement dans ce caractère indépendant.

Toute sa vie fut une lutte contre les superstitions, les préjugés, les adversités qui en étaient la conséquence : il est mort le 2 avril 1791, à l'âge de 43 ans laissant inachevé un mémoire sur le mariage des prêtres dont il condamnait le célibat. A-t-il été empoisonné comme le serrurier de l'armoire de fer ? Il est plus probable que sa maladie intestinale négligée a été la cause réelle d'une mort prématurée. Un travail excessif, sa passion pour les femmes, pouvaient altérer ses fonctions vitales. Sophie de Monnier, son amante à laquelle il avait tout sacrifié, se tue sur la tombe d'un de ses adorateurs : O femmes légères ! En définitive, Mirabeau eût été le premier à proclamer la République : la France, tous les amis de la liberté, en Europe, en Amérique, firent le deuil de ce grand citoyen (1).

Marat, le compatriote de Jean-Jacques Rousseau, était aussi un homme de science profonde; travaillant jour et nuit, la physique, l'astronomie, la chimie, la médecine, la chirurgie, l'économie politique, la philosophie et même les arts; il savait tout, faisant un grand nombre de découvertes qui auraient pu le rendre le plus riche de Paris. Pour suffire aux besoins de son existence (on ne trouve pas la richesse dans la carrière des sciences),il avait accepté les fonctions de médecin des gardes du corps, et travaillait à la rédaction d'un journal très curieux. Cet homme de science, d'une activité prodigieuse, écrivit trente volumes de

(1) Le jour de sa mort, Mirabeau se fait raser, et il dit à son domestique : Il faut me parfumer, me couronner de fleurs et m'environner de musique.

recherches sur la physique, l'anatomie, la botanique, la physiologie, etc., où sont développées
ses expériences. Ses manuscrits et en partie
ses volumes ont disparu; c'est une perte irré-
parable. Son savoir, son intelligence extraordinaire et même ses opinions politiques qui n'ont
pas été assez appréciées de ses contemporains,
ne peuvent avoir son égal. Son digne succes-
seur doit être l'illustre Raspail ; il vient de
mourir accablé par l'âge et le travail, sans pouvoir convaincre la France qu'elle vient de perdre
un vrai savant; ses livres resteront ; mais ce
qui est incroyablé, le peuple ignore encore
ses précieuses découvertes.

On représente Marat comme un monstre
vivant dans les caves de Paris, dénonçant sans
cesse les réactionnaires et les conspirateurs ;
mais l'on a pris soin de ne pas expliquer les
vrais motifs qui ont forcé ce grand patriote-
philosophe, à écrire les violences de l'ami du
peuple.

L'histoire du célèbre révolutionnaire Marat
est à faire. Lorsque l'on aura rassemblé les
matériaux nécessaires pour reconstruire cette

existence devenue mystérieuse, les Français seront bien étonnés de connaître enfin celui qui avait mérité le beau nom de l'ami du peuple et de ne plus voir en lui qu'un martyr de l'humanité dont il voulait le bien-être.

Jean-Paul Marat, né en 1743, à Boudry (Suisse), n'était pas orateur comme ses deux collègues; mais écrivain d'un talent extraordinaire, rédigeant seul son journal *l'Ami du Peuple*, il connaissait, parlait plusieurs langues; il fut la victime des royalistes et des préjugés. Charlotte de Corday d'Armont désignée par Lamartine, par une expression originale, l'ange de l'assassinat, se chargea d'abréger la vie pleine de labeur et de luttes héroïques de ce grand citoyen, le 13 juillet 1793; il avait cinquante ans.

Sa mort fut un deuil pour la patrie; pendant un mois, les citoyens en France et à l'étranger, prirent des insignes funèbres, particulièrement la ville du Havre qui avait réclamé le droit de prendre le nom de *Havre-Marat*.

La sœur de Marat est morte à Paris, sous le règne de Charles X, dans la misère la plus désolante : logée dans un grenier, elle recevait l'aumône d'un épicier qui occupait le rez-dechaussée de la maison. Plusieurs manuscrits précieux de son frère, qui étaient restés en sa possession, ont été soustraits le jour de son décès. Mademoiselle Dorothée Lapress, petitenièce de Marat, ancienne actrice, dame de compagnie chez la baronne de Dursch (Autriche), est décédée au mois de mars 1868.

M. de Robespierre, avocat, né à Arras, était d'une famille qui avait conquis sa noblesse dans la magistrature ; homme du|Nord, au froid calcul, ce rhéteur n'avait d'égal par sa logique très habile, que les anciens Grecs d'Athènes. Après la motion de Marat, à la Convention, sur la condamnation de Louis XVI, il se croit forcé pour le salut de la République, de faire cette déclaration : la justice réclame la tête du tyran, mais en réalité il devait être persuadé que le roi échapperait au supplice.

Il avait obtenu la présidence du comité pour le Salut public ; pour quel motif ? il n'est pas encore bien connu ; pendant cette fonction sans contrôle, on est porté à croire qu'il sauva

des massacres un grand nombre de citoyens,
de nobles ; l'ensemble de ses actes et de ses discours, sont les seules preuves ; il y en a peut-
être une autre que je citerai plus loin.

On ne peut certainement le blâmer d'avoir
cherché les moyens de rendre service à l'humanité, dans ces jours de troubles ; ses paroles
imposaient des doutes sur sa franchise ; sa
façon d'agir faisait naître de la défiance ; il en
ressortait une hypocrisie qui dévoilait un
avenir redoutable pour la République. Un grand
nombre de députés pensaient qu'il aspirait à
la dictature.

Que voulait-il faire de cette dictature ? ou
assouvir son ambition personnelle pour établir
une République définitive ou l'escamoter au
profit du frère de Louis XVI.

En tout cas, il commet une grande faute ; il
jette le soupçon dans tous les esprits déjà préparés, lorsque prenant le prétexte de rendre
hommage à la Raison, sous la figure de l'Être
suprême, on l'accuse de rétablir un culte. Cet
avocat incrédule voulait se servir de ces essais
politico-religieux pour captiver l'opinion du

peuple en faveur de la République ou de son ambition.

Robespierre laisse exécuter les Girondins, l'aristocratie de la République, Lavoisier, Camille Desmoulins, Fabre d'Eglantine, poëte, l'auteur de *Il pleut, il pleut, bergère,* l'habile et énergique républicain Danton, le sage Bailly et autres ; mais lui-même est mis en suspicion depuis sa tentative de dictature politico-religieuse. On ose lui refuser la parole pour sa défense; alors, il se réfugie à la Commune, fomente une insurrection à la Convention ; un gendarme nommé Méda le blesse d'un coup de pistolet. Le lendemain, 28 juillet 1794, Robespierre meurt sur l'échafaud. Si la Terreur finit avec ce vaillant et intrigant combattant, le dernier espoir de la République disparaît avec lui, et ce qui n'est pas en sa faveur, mademoiselle de Robespierre, sa sœur, reçoit de Bonaparte une pension de six mille francs que Louis XVIII lui continua : elle est morte en 1841.

On pourrait conclure de cette étude rapide sur les trois principaux héros de la révolution, que Marat fut le plus savant et le plus honnête parmi les républicains célèbres, dévoués à la mort, pour faire triompher la liberté. Sa vie privée et publique ne donne lieu à aucun soupçon. Ses écrits sont la conséquence d'une révolution sanglante, de pensées d'emportement et de vengeance : fidèle toute sa vie aux principes démocratiques, il meurt pauvre et malade, après avoir refusé des millions pour acheter son silence. Lorsqu'il s'adresse aux Girondins perdant la République par leur désaccord et leur ambition, on peut juger sa franchise et son amour pour la patrie :

« On pense que l'on peut triompher des malveillants (les Girondins), sans s'en défaire. Soit, je suis prêt à marcher avec Danton et les défenseurs du peuple. Amour sacré de la patrie, je t'ai consacré mes veilles, mon repos, mes jours, toutes les facultés de mon âme, je t'immole aujourd'hui toutes mes préventions, mes ressentiments, mes haines. »

Mirabeau a fait tout ce qu'il lui était possible pour le bien de la patrie ; son génie, sa noblesse et ses connaissances avec les grands seigneurs de la cour, pourraient lui faire pardonner ses moments de faiblesse, d'avoir reçu de l'argent, une pension qui lui était due et donné des conseils au roi : en tout cas, il n'est pas prouvé qu'il a transigé avec son honneur et trahi ses collègues. Mirabeau n'eût pas osé dire à l'envoyé de Louis XVI, à M. de Brézé : « Allez dire à votre maître que nous sommes ici par la volonté du peuple, et que nous n'en sortirons que par la force. J'ai été, je suis, je serai, disait-il, jusqu'au tombeau l'*homme de la liberté*. »

Quant à Robespiere, sa persévérance, sa ténacité jésuitique dans les intrigues de la révolution, sont les seules qualités qui en ont fait un homme célèbre. Orateur médiocre avec des arguments persuasifs, bon légiste, on ne peut cependant dire qu'il eût trahi la République ; ne s'est-il pas dévoué pour elle jusqu'à la mort ? Madame Roland qui le connaissait, écrit dans ses Mémoires, que Robespierre traitait bien légèrement de la République. On l'appelait l'incorruptible, parce qu'il affichait une grande austérité.

Saint Vincent de Paul, plus rigide et plus

barbare que Robespierre, n'est-il pas un saint que les chrétiens adorent ?

Napoléon Ier et les Bourbons qui lui ont succédé n'avaient nullement compris 1789, ni les grands hommes de la Révolution ; pas un seul n'a pensé à faire rechercher les documents précieux de cette époque héroïque qui a fait surgir des millions de Français heureux de se dévouer à la mort pour la liberté. — Désormais tous les chefs d'Etat qui ne se conformeront pas à ces lois de la morale universelle, auront une triste fin.

Les travaux de la Révolution, les faits moraux accomplis, les autres restés inachevés, qui n'ont pu être mis en œuvre, sont loin d'être connus dans leur réalité.

Le prince Louis-Napoléon avait critiqué tous les actes du règne du duc d'Orléans : à peine nommé président de la République de 1848, les mêmes errements sont suivis : acclamé empereur des Français, moins prudent et moins avisé que son prédécesseur, il engloutit la France dans un abime qui fait frémir toute l'Europe et attriste l'Amérique.

Dès 1853, n'était-ce pas facile de prédire la chute de Napoléon ? Il agit autrement que ses écrits publiés jusqu'à l'âge de cinquante ans ! Au lieu de s'occuper des grandes réformes toujours mises en question, promises dans ses livres, que l'opinion publique réclame, c'est le génie guerrier de son oncle qu'il veut imiter et, comme son oncle, il fait peu de cas de l'argent et du sang du peuple. On ne s'inquiète plus du libre-échange, de la diminution des impôts, de l'abolition de la peine de mort, de la liberté de la presse, du rétablissement du divorce, de l'instruction, de l'abolition de l'inscription maritime et de la conscription, etc. Notre écrivain-souverain-guerrier, peu lettré, maladif, presque toujours battu, consacre ses loisirs, pendant cinq ans, à faire de fausses appréciations sur les actes de Jules César..., les misères de son peuple... les préfets à poigne, s'en occupent. Les évènements se succèdent et viennent certifier que le terrible châtiment prédit par Victor Hugo exilé, n'a pas pesé beaucoup dans sa conscience flétrie avant et après le 2 décembre.

La République de 1870 n'a pas été escamotée par les cléricaux : quelle est la principale cause? notre défaite complète par les Prussiens dont on se moquait, qui ont rendu le service de nous mettre un peu plus de raison dans la cervelle, à la place de notre amour-propre excessif. Si les généraux français avaient eu plus d'audace que de théories monarchiques et de principes religieux, les Prussiens n'eussent peut-être pas été vainqueurs.

Le général Trochu et les chefs de la marine croient que les qualités constituantes d'une bonne société, résident dans les principes d'une religion. comme le trône vermoulu, à la recher-che d'une nouvelle existence qui trébuche toujours sur l'autel des jésuites. Assurément, ils sont sincères ; mais peu philosophes, nullement savants et point portés aux méditations sur les événements de l'histoire; avant tout, ils sont gens aux grandes émotions des dangers de leur métier. Que veulent-ils entendre par le mot religion ? Un honnête homme sans doute, ayant la crainte d'un Dieu vengeur des fautes commises contre la discipline. Les généraux de l'Empire confondent la morale avec la religion, le devoir avec la superstition, la vérité avec les idées mystiques des prophètes de l'antiquité. Pour se rendre compte de cette erreur, examinez les mœurs de la ville papale, la ville la plus religieuse de l'Europe ; qui renferme toutes les mauvaises passions de Paris et de Londres : au lieu de lire le journal *le Figaro*, qu'ils étudient les époques religieuses du moyen âge, ils ne sauraient y trouver beaucoup d'hommes sages et sincères ; mais des intrigants, des pillards, des voleurs, des empoisonneurs, des moines, des templiers adonnés à la luxure, des princes assassins, des massacreurs d'innocents et une foule de tartufes qui répandent des flots de sang et font la Saint-Barthélemy en 1572. Loyola n'avait-il pas organisé sa société de Jésus, à Paris, en 1534 ?

Par maladresse ou le mauvais vouloir des clérico-monarchistes, Paris affamé a été livré à des assassins et des incendiaires ; les monarchistes profitant de la terreur des paysans, ont obtenu la majorité dans les élections de 1871, au moyen de paroles libérales et en accusant le parti répu-

blicain, des calamités de la guerre, mensonge
le plus audacieux que j'aie entendu : pour mieux
réussir dans leurs funestes projets, ces faux
libéraux inventent à leur usage des mots jésui-
tiques qui n'ont aucune valeur; mais très dangereux et perfides, parce qu'ils sont répétés par
le peuple qui n'y comprend rien. Ainsi, il est
convenu parmi ceux qui ont l'orgueil de se donner pour d'honnêtes gens, d'appeler commu-
nards ou radicaux tous les républicains, afin de
calomnier, de jeter le mépris sur des personnes
bien connues, plus probes, plus loyales que
les monarchistes.

Les communalistes, les vrais partisans de
la liberté des communes ont été mis en erreur,
en voulant ressusciter un vieux système révolutionnaire, inventé au moyen âge, à l'usage
de cette horrible féodalité : ils ne se sont pas
aperçus qu'ils avaient dans leurs rangs, de faux
communalistes, des bonapartistes et des légi-
gitimistes. Pour faire opposition à l'empire, les
légitimistes, notamment à Nancy, faisaient de
la propagande en faveur de la décentralisa-
tion du pouvoir, afin de donner aux 36,000

communes le plus d'indépendance possible. (Ne connaît-on pas l'influence des seigneurs du village ?)

Qui donc avait intérêt à faire prévaloir la Commune affranchie du pouvoir central ? Ce n'étaient que les grands propriétaires, la noblesse et le haut-clergé, tout-puissants dans les petites villes et les villages ; c'eût été un moyen certain d'empêcher longtemps encore la République, leur cauchemar, et de faire adopter une monarchie quelconque.

Quand on aura aboli les titres de noblesse, les distinctions honorifiques, instruit le peuple, diminué l'influence du clergé, il sera temps seulement d'examiner si la commune est digne de gérer ses affaires, sans contrôle.

Radical, ce nom conviendrait mieux aux bonapartistes et légitimistes qui n'ont pas craint de bouleverser l'opinion publique et les mœurs, en conspirant pendant six ans, afin de nous ramener brusquement au despotisme du dix-septième siècle.

Conservateur, autre terme absurbe, que M. de Broglie a décerné à son parti qu'il appelle les honnêtes gens ; ancienne épithète des Macédoniens qui désignait les riches et les seigneurs de la cour du roi Philippe. Conservateur de quoi? de mœurs dissolues, de superstitions, de l'ignorance ou d'une postérité de princes qui ruinent la France tous les dix ans : on n'a pas d'exemple au monde d'une nation gardant les mêmes mœurs et les mêmes lois : avec les découvertes modernes, les moyens rapides de communication avec tous les peuples de la terre, est-il possible de mettre des bornes à la raison humaine ? Vraiment, il est curieux de voir le nouveau roi de la malheureuse Espagne cléricale, un petit jeune homme de vingt-quatre ans, s'asseoir tranquillement sur le trône sanglant de ses ancêtres, avec une crâne assurance ; il veut y rester et fait ce qu'il peut pour en être chassé comme sa mère et sa grand'-mère : son éducation lui fait croire qu'il est nécessaire à son pays ; quel orgueil !

Soyons francs pour ces honnêtes gens qui ont pris l'habitude de ne plus appeler les choses par leur nom ; faisons tous nos efforts pour que le pauvre monde ne soit plus leur dupe. La classe

dirigeante sait très bien que ce mot, conservateur, a plusieurs significations en politique et
veut dire qu'on entend conserver à perpétuité,
dans les familles riches, les privilèges de l'ancien régime, acquis par le hasard ou l'argent ;
ce qui est plus grave, on veut empêcher les
hommes de labeur d'y parvenir par le talent et
la science.

En se reportant au dix-huitième siècle si
fécond dans les lettres et les sciences, la tristesse vous accable, après cette étude, d'être forcé
d'admettre que la bourgeoisie à la fin du dix-
neuvième siècle, est moins instruite et plus
bigote. On peut certainement compter un plus
grand nombre de gens lettrés ; c'est un progrès
matériel facile à constater, mais nullement
scientifique ; c'est une instruction théologique,
sans valeur, qui nous déconsidère en Angleterre et en Allemagne. Selon l'expression très
juste de M. Sauvestre : l'éducation des jeunes
filles a été faite sur les genoux de l'église.

Les jeunes filles ont, principalement depuis
1816, le sens moral perverti ; non seulement
leurs devoirs de citoyennes, indiqués par la

loi universelle, ne leur sont jamais expliqués;
mais on leur apprend des formules de religion
incompréhensibles qu'elles récitent jusqu'à l'âge
de quinze ans, qui troublent leur intelligence.
Quel temps précieux perdu! Maintenant, il
faut attendre vingt ans et plus pour obtenir
une réforme désirée en 1789, pour avoir des
femmes fortes, saines d'esprit et dignes d'une
nation républicaine, afin de continuer sa vieille
réputation d'être à la tête de la civilisation. O
France! tes habitants d'une bonté prête à tous
les sacrifices, méritaient un meilleur sort; tu
devrais être la plus heureuse des républiques:
la sottise de tes chefs d'Etat te fait périr sous
le joug abrutissant des Jésuites.

On répète à tous propos, sans réflexion, que
la monarchie est le seul gouvernement possible en France. Les personnes qui affirment
cette opinion, n'ont que des raisons spécieuses :
ils écrivent, ils disent : le tempérament des
Français, nerveux, léger, porté à l'exaltation,
ne comporte pas le régime républicain trop
sévère, par conséquent trop moral; en résumé,
la liberté rendrait le peuple qui n'y est pas

préparé, ingouvernable! Traduisons ce langage clérico-politique : la loi ne pourrait plus être interprétée selon notre fantaisie.

Les partisans des monarchies savent très bien que le Français né malin, très intelligent, doux comme un mouton, s'empresserait de profiter de la liberté légale afin de réclamer contre tous les privilèges, les distinctions honorifiques , les places de sinécure réservées à toute une génération, l'égalité réelle; empêcher le retour de ces abus monstrueux, lorsque le droit du seigneur florissait au onzième siècle, lorsque Jean de La Barrière faillit être mis à mort par des religieux, pour avoir voulu expulser de leur couvent, des maîtresses et des jeunes garçons qu'ils y entretenaient.

Si les peuples ne savent pas distinguer les citoyens qui veulent le bien et la liberté, la faute en est subie par les classes dirigeantes, égoïstes, incapables et hypocrites.

Le jour de la réhabilitation n'est pas loin ; l'Europe sera républicaine : encore quelques années de sagesse, et les nations comprendront la nécessité de se débarrasser de ces formules métaphysiques, théologiques, qui ont jeté la misère et l'illusion sur la terre, en enrichissant les initiés ; l'humanité trouvera, sinon le bonheur, du moins un bien-être dans les lois de la morale universelle qu'elle avait méconnue.

Je me sens consolé d'un avenir plus heureux, quand je vois la calomnie conspuée devant la vérité. Basile sait bien que l'opinion peut errer complètement sur des citoyens célèbres ou obscurs : je vais citer quelques exemples pris dans l'antiquité et à notre époque.

L'un des sept sages de la Grèce, Socrate, philosophe, fut pendant toute sa vie, pris pour fou ; cette erreur était accréditée par sa femme débauchée, qui l'injuriait sur les places publiques : cet homme, le plus religieux d'Athènes, est déclaré au peuple, impie et athée ; l'aréopage le condamne à mort. — Aristide, surnommé le Juste, né à Athènes en 490 avant notre ère, est exilé sous le poids d'odieuses calomnies inventées par Thémistocles, jaloux de ses succès ; pour mettre le comble à la mesure de cette vengeance, Aristide rencontre aux portes de la ville, un paysan qui l'injurie parce qu'il

est fatigué d'entendre qu'on l'appelle le Juste (1).
Cet homme illustre mourut pauvre, abandonné
de tous ses concitoyens, après avoir possédé
une grande fortune. La République reconnaissant trop tard ses torts, le réhabilita en dotant
ses trois enfants. Cicéron, surnommé le père de la
patrie, est poursuivi par le peuple qu'il défen-
dait en toute occasion; au lieu de fuir, il se
livre à ses assassins. Jésus, le Galiléen, le
législateur des Juifs dont l'existence n'est con-
statée que dans une légende apocryphe, est
fouetté, crucifié par les prêtres et le peuple,
lorsqu'il voulait le bien-être du pauvre.

Je laisse aux plus jeunes le soin de remettre
en mémoire le sort d'une quantité de pauvres
gens de l'antiquité, qui ont eu à subir des
misères navrantes : sans remonter le cours des
siècles, les calomniateurs pullulent; rien n'est
changé à cet égard, dans nos mœurs actuelles.

Des hommes de bien, courageux, sans reproches, disparaissent haïs par leurs concitoyens,

____

(1) On a contesté ce fait; cet acte méchant se repro-
duit très souvent en France; nous en avons été le
témoin plusieurs fois.

trahis par leurs amis et parents; d'autres préfèrent se jeter dans les bras de gens flatteurs pour être mieux étranglés.

Pauvre espèce humaine!... tu as été avilie dans ton ignorance, par l'orgueil; tu passes ta vie à craindre la mort, à prier un Dieu vengeur, sans t'apercevoir que la nature ne connaît ni vengeance ni prière.

La malheureuse France est tenue en échec en cette année 1878, par un militaire cléricomonarchique : président d'une République dont il a accepté la constitution, sa franchise incroyable, si l'on peut l'appeler ainsi, lui fait proclamer bien haut, qu'il n'est pas républicain et qu'il ne s'occupe pas de politique; il ajoute : si j'accepte le pouvoir, c'est pour *sauver la France*..... La société n'était nullement en péril : le maréchal qui avait plus d'orgueil que de talent, ne pouvait inspirer aucune confiance. Un maréchal de France, président d'une République, devait savoir que l'histoire jugera sévèrement ses actes; il s'en est rendu responsable. Dans l'extrème vieillesse, il aura peut-être des larmes tardives, quand il connaîtra les douleurs et les pertes éprouvées par les citoyens, pendant son gouvernement *détesté*. Ne valait-il pas mieux pour sa gloire de soldat, rester le chef respecté de l'armée? A-t-il voulu imiter Jules César?

M. Jules Simon a été le ministre de M. de Mac-Mahon. Raspail connaissait bien cet ancien professeur, cet ancien ami des Jésuites, qui a voulu ménager le chou et la chèvre : le chou l'a mis à la porte et la chèvre lui a montré... les dents. Désormais les hautes fonctions de l'État lui seront fermées (1).

Me voici à la fin de mes souvenirs et à la vieillesse, traversant des jours de bonheur et de tristesse profonde, des années pleines d'enchantement, des années sombres, froides comme la tombe : le courage ne m'a jamais fait défaut; je vais divulguer mon secret, il est simple.

Mes erreurs m'ont fait commettre quelques fautes : mes obligations d'homme public et privé ont été remplies avec énergie : je ne craignais rien ni de ma conscience, ni de l'opi-

(1) Voir la biographie de Jules Simon-Suisse, né à Lorient ; chez Cusset, rue Racine, 26.

nion, ni de l'éternité. Plus le malheur me per-
sécutait par l'abandon et les injures stupides
de tous, plus je me sentais fort pour résister là
où des centaines de citoyens perdant courage,
ont succombé. Si je n'avais pas ce que l'on
nomme vulgairement les consolations de la
religion qui m'effrayait sans me rendre meilleur,
jusqu'à l'âge de vingt-cinq ans, dont la cause
était dans le mépris accablant de notre nature;
du moins, j'avais ce qui est plus positif et fortifiant; plus réel sans être inquiétant, le sentiment du devoir, la résignation de travailler
pour le bien, de donner à la société ce qu'elle
pouvait exiger de ma bonne volonté. Je laisse
un souvenir bien humble, sur cette terre, où
nous sommes pour y vivre et mourir; n'est-ce
pas une satisfaction particulière, outre mesure?
Voilà pourquoi je n'ai pas désespéré.

Il faut compter avec les tempéraments, me
diront les gens de science et clairvoyants. Je
sais que l'on n'est pas souvent récompensé en
voulant le bien d'un ami ou le bonheur d'une
épouse : cette déconvenue est très fréquente.
J'ai subi moi-même l'épreuve de ces dévoue-

ments stériles : mais j'ajoute : en admettant le système de compensations d'Azaïs ; si j'avais été riche et l'époux d'une femme saine et morale, j'aurais eu, peut-être, des adversités plus terribles.

J'ai raconté plus loin l'effet déplorable de la crédulité du public aux fausses imputations, aux mensonges : je crois utile de faire mention d'une observation au sujet d'erreurs commises sur les personnes. La plus récente, authentique et incroyable, est celle que l'on cite dans les annales parlementaires de 1867 et de 1868.

Les journaux de Paris, le journal le *Temps* ont constaté que pendant dix ans, la presse, le public et les députés avaient fait une confusion extraordinaire entre les deux frères du T... (il est vrai que Napoléon III régnait). Les deux frères du T... étaient capitaines de frégate. L'aîné était retraité et peu instruit, cléricolégitimiste ; un riche mariage l'avait fait nommer député ; il avait pris le titre de général, auquel il n'avait pas droit ; cependant le *Journal officiel* de l'empire l'inscrivait ainsi dans ses colonnes. Le frère cadet moins riche, resté trop longtemps capitaine de frégate, ne pouvait obtenir un avancement mérité ; son opinion républicaine fut la cause de cet oubli : son intelligence et son instruction supérieures à celles de son frère, l'avaient avait fait admettre à la rédaction d'un journal libéral. Eh bien, pendant dix ans, le député monarchiste a laissé croire qu'il était l'auteur des articles très remarqués que le frère ignoré des électeurs, dont il ne parlait jamais, publiait modestement en Basse-Bretagne. Un incident provoqué par le député au sujet des élections où il osait invoquer les idées généreuses de son frère inconnu et méconnu fit découvrir l'erreur. Le frère inconnu réclama dans les journaux contre cette prétention du frère monarchiste et ingrat ; le député ne fut pas réélu. Cette histoire des deux frères pris l'un pour l'autre n'a été sue que par un petit nombre de lecteurs assidus du journal en question, où cette méprise singulière a été expliquée avec des détails très intéressants.

Ces sortes de confusions se reproduisent plus fréquemment qu'on ne le croit, dans les familles et devant les tribunaux : elles se font au détriment des citoyens qui vivent avec modestie sans s'occuper de viles intrigues qui se jouent autour d'eux pour escamoter à l'une, ses qualités, à l'autre, ses actions (1).

Je n'ai pas échappé à ces méprises sottes et méchantes. A l'âge de quarante-cinq ans, quand la jeunesse des hommes n'est plus en votre possession, on m'a attribué, non les qualités, mais les défauts de mes frères décédés : l'on me supposait les manies et les ridicules des camarades que je fréquentais volontiers pour les défendre contre les moqueries de faiseurs d'esprit.

L'ami et parent d'un avocat ayant une certaine réputation au Palais, cet ami m'accusait sérieusement de séquestrer ma femme qui était depuis quinze ans, avec le consentement de sa famille et l'ordre du préfet, dans une maison de santé d'Orléans. Cet avocat allié à ma famille et se disant mon ami, d'une conduite très irrégu-

---

(1) Les victimes des erreurs judiciaires les plus connues, sont : Lesurques, Philippi, l'instituteur Lesnier, la femme Doize, Louran, Baffet, Dussud, aubergiste, Charpentier, etc., etc,

lière, d'un talent contestable, après m'avoir fait du tort dans l'opinion publique, est allé finir ses jours dans un hôpital d'aliénés.

M. Lecène, député et le plus honnête négociant du Havre, était accusé par les députés de la droite, d'avoir volé le trésor public, pendant la guerre de 1870. Cet honnête homme, en possession d'une belle fortune acquise en Amérique aux dépens de sa vie, est mort prématurément sous le poids de cette douloureuse calomnie : les quittances qui devaient le justifier ont été trouvées au ministère de l'agriculture et du commerce, lors de l'élection de M. Jules Grévy à la Présidence.

Je ne puis raconter toutes les erreurs dont j'ai été le témoin et la victime : cela ne peut intéresser que les personnes avec lesquelles j'ai vécu : mes souvenirs n'étant pas rédigés dans le but d'exposer tant d'absurdités.

L'on ne peut éviter toujours les pièges de toutes sortes, tendus sous nos pas : sous ces pièges il y a la femme avec son éducation en contre-sens de la nature. Des personnes inconnues, vicieuses, criminelles, animées de haines et de vengeances envers la société, cherchent à tromper la bonne foi de ceux qui les écoutent, en accusant de leurs défauts et de leur immoralité, les plus probes et les plus innocents.

Sexagénaire, mais avec une bonne santé qui ne m'a jamais fait défaut depuis ma sortie du collège, on m'a noté de ne pouvoir remplir une fonction où il fallait paraître : ce jugement me venait de la part d'hommes faibles, maladifs, infirmes, protégés pour des raisons inavouables.

La destruction de mon être que je dois subir avec résignation, peut venir. J'aurai à ce dernier moment, la satisfaction de n'avoir aucune crainte ni les regrets de la fortune. Si quelquefois j'ai désiré la richesse, c'était pour avoir le plaisir le plus doux de rendre heureux les infortunés que je connaissais et voyais souffrir : pour exprimer toute ma pensée, afin de me livrer au charme des lettres et de la méditation.

Pendant peu d'années, j'ai savouré avec délices le bonheur inappréciable de l'amitié et les voluptés de l'amour. J'avais deux véritables amis, ce qui me rend heureux, quand je vois le grand nombre qui n'a pas été à même d'apprécier une bonne intimité. Mes deux amis étaient plus âgés : hélas! j'ai vieilli, depuis longtemps, ils m'ont précédé dans l'éternité...

Mais, n'ai-je plus d'amis ? je me trompe : il en existe qui me seront toujours précieux, qui me resteront fidèles parce que je suis heureux de les posséder sans partage, parce que, avec leur esprit aimable et savant, ils sont là, près de moi, ne me quittant pas un seul instant. Ces chers amis savent me réconforter immédiatement dans mes jours de tristesse ; ils ne vieillissent pas et vivront à travers les siècles; je puis les nommer sans indiscrétion : ce sont... les livres bien-aimés de ma bibliothèque. Je relis à mes heures, le sentimental Jean-Jacques Rousseau, Bernardin de Saint-Pierre, Diderot, Voltaire, puis Edmond Schérer, le savant critique ; Paul de Koch, le peintre des mœurs ; le grand poëte Victor Hugo, les œuvres d'Auguste Vacquerie, le célèbre romancier Alexandre Dumas père, madame Desbordes-Valmore, pleine d'amour et de douleur ; Sainte-Beuve, le charmant historien, Louis-Auguste Martin, le philosophe ; Henri Martin, l'archéologue, Ernest Havet et Adolphe Franck, les savants professeurs du collège de France, Deschanel, l'intéressant conférencier ; Raspail, le plus savant de son siècle, Darwin, Bückner et autres auteurs d'un mérite réel.

Paul de Koch a créé le vrai roman des mœurs de l'humanité ; Eugène Sue, le roman des scènes maritimes ; Alexandre Dumas père, le roman historique : ces trois romanciers auront toujours un intérêt certain.

Quant aux trop nombreux romanciers qui ne manquent pas de talent, leur tort est de travailler sur le même modèle : ce sont les mêmes situations, les mêmes intrigues avec un dénoûment plus ou moins dramatique, que l'on choisit de préférence et par habitude, parmi *l'aristocratie nobiliaire.*

Ces jeunes écrivains ne sont lus que par des gens oisifs, vicieux, fuyant l'instruction et donnant beaucoup d'argent à l'auteur. Les ouvriers, la bourgeoisie studieuse, préfèrent les lectures intéressantes de l'histoire, des voyages, des biographies, des sciences appliquées aux arts, etc. Le feuilleton d'un journal républicain n'est pas souvent moral; il devrait être instructif et amusant, sans viser à obtenir la faveur des femmes d'une certaine catégorie.

J'admire cette persévérance des publicistes, de continuer pendant la meilleure moitié de leur existence, à nous offrir le fruit d'une imagination féconde, qui doit être délaissé par la génération à venir.

Laissons aux femmes lettrées et sensibles comme l'était madame George Sand, le soin de faire des descriptions charmantes, des plaisirs champêtres, des passions de l'amour, de nous initier dans les mille caprices du cœur.

Je lis en ce moment, pour satisfaire ma curiosité, un roman qui fait la célébrité de M. Émile Zola, me voici enfin, à la dernière page, n° 568 de l'*Assommoir*, 52ᵉ édition!...

M. Emile Zola, membre de la Société des gens de lettres, est un écrivain de talent, d'un grand mérite; je crois qu'il se fait illusion sur la valeur de son plan annoncé dans la préface, qui ne me paraît pas comporter la forme du roman.

Le roman est la légende du goût, des caractères, des sentiments et des souffrances qui sont le produit solidaire des sociétés; avec des situations dramatiques ou comiques, visant un principe moral : la punition des fautes ou la satisfaction du devoir accompli.

Que reste-t-il dans l'esprit, après la lecture nullement attrayante de l'*Assommoir* ? rien : de la fatigue, puis de connaître, ce qui n'est pas utile, un jargon débité dans les bouges de Paris.

L'auteur gaspille son habileté d'écrivain : n'eût-il pas mieux valu la consacrer à des études plus sérieuses, à des travaux de philosophie positive et de critiques sociales sur les mœurs de la fin du dix-neuvième siècle ? (1).

Heureuses les personnes qui aiment à s'instruire et peuvent avoir des loisirs pour transcrire facilement leurs réflexions, les recherches

(1) Mademoiselle Deraismes, en faisant une critique des romans de M. Émile Zola, dit : « S'il avait fait un livre utile à la société, il n'aurait pas obtenu le quart du succès. Il faut qu'à tout prix nous arrachions des mains de la femme, ces livres qui blessent la morale et la justice. »

littéraires et scientifiques, qu'elles ont acquises péniblement ; c'est un bonheur préférable à toutes les jouissances matérielles.

La nécessité de la vie, les combats pour l'existence, ont pris tous mes instants pendant trente-cinq ans ; cette circonstance ne m'a pas permis de me livrer à mon penchant particulier pour étudier les phénomènes extraordinaires que la nature dévoile aux privilégiés de l'intelligence, aux savants dont la ténacité leur a fait franchir des obstacles bien autrement difficiles à vaincre. Le hasard a voulu que je consentisse à un mariage, sans demander la fortune : certes ce ne pouvait être le moyen de me garer des éventualités qui en résultent.

Maintenant, je vais vivre dans le passé. Que la jeune génération réalise nos espérances, en travaillant sans cesse ; elle nous délivrera du *cléricalisme* qui obstrue la France et empêche la *lumière* de la *science*, la *vraie religion* de l'*humanité*.

Pour toujours j'ai quitté mon rivage bien-aimé de la mer, le Havre aux grands mâts pavoisés, cette ville resplendissante avec sa parure de pavillons aux armes des nations les plus éloignées, qui brillent au soleil et offrent aux yeux émerveillés, une fête perpétuelle. Sur les hauteurs de ses falaises, Casimir Delavigne, mon compatriote, s'est inspiré de son site grandiose :

> Charmante ville !
> Elle fut mon berceau ; doux climat, sol fertile,
> D'aimables habitants... un site ! ah ! quel tableau !
> Après Constantinople, il n'est rien d'aussi beau.

En effet, de la côte Saint-Michel où de riches négociants anglais et allemands ont fait construire des demeures somptueuses, on aperçoit la ville dans toute son étendue, avec ses grands boulevards qui aboutissent vers l'ouest, à la mer dont on entend le bruit plaintif des vagues écumantes sur un galet émaillé de jolis coquillages ; puis, à l'est, qui conduisent à son grand fleuve, la Seine.

Je n'irai plus admirer, aux heures de la marée, les centaines de navires grands comme des vaisseaux de guerre, vainqueurs de la tempête, qui arrivent et se balancent coquettement au milieu des bassins, un vrai labyrinthe au centre de cette cité privilégiée où s'entassent d'immenses trésors.

Je ne verrai plus son théâtre bâti sur un point de vue qu'on ne peut cesser de contempler. Il ne me restera que le souvenir des richesses incalculables d'un bazar universel des industries de tous les produits de la terre, renouvelés chaque jour.

Adieu, mes promenades solitaires dans la vallée de Sainte-Adresse, battue continuellement par les flots. Adieu, le cap de la Hève, avec ses horizons sans limites, aves ses grottes couvertes d'herbes marines toujours vertes, où j'aimais à m'asseoir pour jouir de la splendeur imposante de la nature.

Vous, qui avez les joies de la jeunesse, allez visiter notre beau port de mer; allez le remercier, le féliciter de son pénible travail pour envoyer en tous pays, à profusion, ce qui est nécessaire au luxe des riches et au bien-être de la France. Son onde amère conserve la santé; ses habitants font connaître les plaisirs de la navigation, en vous transportant sans danger, sur les côtes plantureuses d'Honfleur, de Trou-

ville, de Dives et autres endroits fréquentés
par d'intrépides et robustes pêcheurs.

Le calme des champs me convient miéux : je
préfère les campagnes des environs de la capitale. Les êtres qui ont senti, pensé, aimé, s'y
réfugient pour vivre en paix à la dernière heure,
de la liberté, de l'indépendance. On se dirige
toujours vers ce gai Paris, le centre de la civilisation, cette grande ville unique par son activité, et la vive intelligence de ses habitants, les
nations viennent et reviennent goûter les attraits
du sentiment, de l'esprit, du bon goût et de
l'honnêteté pour arriver dans cette terre pro-
mise de la fraternité.

Je n'entrerai pas dans ce vrai paradis terrestre ; je ne connaîtrai pas ces temps heureux...

Bientôt, la nécropole de Bourg-la-Reine rece-
vra mon sommeil éternel : le village situé au
fond d'un bosquet, jardin de la capitale, fait la
fortune des habitants, des Margottin , des
Jamin et autres habiles horticulteurs : ses
coteaux couverts de vignes, de bois, de violettes
de Parme et de fraises, embaument les sentiers
fleuris autour de ma demeure, me rappellent

ma Normandie : ses lointains d'où sortent de nombreux et fortunés hameaux, font jaillir à mes yeux ce que l'Océan a de plus magique dans les flots étincelants sous sa blanche écume.

Ces contrées verdoyantes pleines d'abondance et de travail, ont vu naître l'illustre Voltaire, ce génie de l'esprit et du bon sens : en 1694, on le voyait venir de Chatenay, traversant le magnifique parc du duc de Penthièvre, pour saluer la sentimentale madame du Deffant et méditer avec elle, sur les folies superstitieuses du dix-huitième siècle (1). C'est à Bourg-la-Reine qu'il a noté dans sa vaste intelligence, ces deux vers d'une sagesse profonde :

> Nos prêtres ne sont pas ce qu'un vain peuple pense :
> Notre crédulité fait toute leur science.

Le chevalier de Florian, né sur les bords de la Garonne, en 1755, parent de Voltaire, était trop jeune pour avoir compris la philosophie

---

(1) La mère de Voltaire demeurait à Paris ; mais elle fit ses couches à Chatenay, chez une parente qui occupait une petite maison sur la place de l'Eglise.

de son oncle et la révolution de 1789 : il écrivait avec facilité et même avec élégance. Pendant ses promenades à Bourg-la-Reine et dans la petite ville de Sceaux, au château du duc où il avait été page, il composa ses pastorales, *Galatée* et *Estelle*. Les anciens collégiens ont lu le roman de *Numa Pompilius*. Ses fables ne valent pas celles du bon de La Fontaine, académicien qui parlait peu et parlait très mal. Le *Prêtre de Jupiter* semble avoir reçu l'inspiration de Voltaire, son conseiller intime ; cette fable a du mordant et beaucoup d'esprit :

> Un prêtre de Jupiter,
> Père de deux grandes filles,
> Toutes deux assez gentilles,
> De bien les marier fit son soin le plus cher, etc.

Sur les collines ombragées qui dominent la Bièvre, où Childerik, en 450, laissait ses guerriers franks, pour rester auprès de sa belle maîtresse Bazine, le savant Dupuis, député de la Convention, venait souvent se reposer à Bagneux, chez son ami Fortin : Dupuis préparait à Bourg-la-Reine, dans le calme, loin de la tourmente révolutionnaire, les matériaux nécessaires à son chef-d'œuvre, l'*Origine de tous les cultes.*

Il me semble voir, au milieu des jardins témoins des amours d'Henri IV pour la belle Gabrielle d'Estrées dont il eut trois enfants, morte empoisonnée, le 10 avril 1599, le célèbre écrivain-voyageur, mon compatriote Bernardin de Saint-Pierre; cet ami de Jean-Jacques Rousseau (1) discutait avec Dupuis, libre-penseur, la philosophie du socialisme : à la suite de ces conférences amicales et littéraires, Bernardin de Saint-Pierre se rendait à Paris par l'Hay, puis retournait dans sa chère retraite d'Eragny, près Essonne; il y est décédé en 1814, à l'âge de soixante-dix-sept ans.

De ma fenêtre j'aperçois les sentiers étroits de Bagneux à Arcueil, que parcourait naguère le mathématicien-astronome, marquis de Laplace, fils d'un cultivateur du Calvados : sa forte intelligence le faisait digne représentant des philosophes du dix-huitième siècle. Un

(1) J.-J. Rousseau allait en 1776 herboriser sur les hauteurs de la Bièvre, de Gentilly à l'Hay.

caractère mobile et vaniteux lui valut tous les honneurs qu'un homme ambitieux puisse désirer.

Non loin de l'Hay, antique village celtique (1), sur la route de Villejuif, on aperçoit la tour de Montlhéry qui domine le petit village boisé d'Athis où Madeleine de Scudéri, née au Havre, plus spirituelle que belle, habitait un modeste chalet : c'est au milieu des fleurs, aux chants des oiseaux qui lui rappelaient sa jeunesse et ses amours, qu'elle écrivit ses derniers romans; elle recevait Pélisson, son ami intime.

Au milieu des champs de roses et de vignes, mes yeux se dirigent vers une jolie villa bâtie sur un coteau de Fontenay-aux-Roses, où l'honnête, le célèbre tribun Ledru-Rollin, martyr de la liberté, est venu mourir en sortant d'un exil de dix-huit ans !

Sous les coteaux verdoyants de Fontenay-aux-Roses et de Bagneux, la vue se porte sur l'aqueduc d'Arcueil, et plus loin, sur les fau-

(1) L'Hay ou mieux l'Hy est dérivé de la langue des Aryas (distance d'une route) : les Grecs en ont fait le dieu Terme.

bourgs de la grande ville. Des ruines, qui sont l'œuvre des Gaulois et des Romains, attestent la haute antiquité de cette petite ville mal bâtie, distante d'un quart de lieue de Bourg-la-Reine. Près du ruisseau infect de la Bièvre, au milieu d'un grand jardin, on aperçoit une modeste maison qui fut la demeure de Raspail revenu dans sa patrie ; c'est dans ce coin obscur que Paris et Lyon lui ont demandé d'être leur député : il a vécu dans cette retraite jusqu'à l'âge de quatre-vingt-quatre ans, où sa fille Marie, l'ange du dévouement, l'avait précédé dans la tombe.

Les évènements politiques que j'ai racontés au cours de mes souvenirs, m'ont déjà donné l'occasion de citer Raspail. Je ne puis trop méditer la vie d'un homme illustre ni m'entretenir assez du plus savant, du plus sincère de tous, dans les sciences et dans les arts : son immortalité est assurée par ses admirables découvertes qui ont doté le monde de tant de bienfaits. Celui qui fut le prisonnier, à l'âge de quatre-vingt-deux ans ! du gouvernement flétri de Mac-Mahon, aura sa place d'honneur dans toutes les bibliothèques des nations civilisées. Raspail, malgré les souffrances contractées dans les prisons et par son travail incessant, pouvait être docteur, académicien et dix fois millionnaire : il refusa le signe distinctif de la Légion d'honneur. Celui qui a consacré son existence entière à notre bien-être, se promenait comme un simple villageois, de Cachan à Bourg-la-Reine, en donnant des conseils à ses voisins.

Quand [un savant d'une science certaine, disparaît, le vide se fait dans l'humanité qui se demande : un autre génie viendra-t-il le remplacer pour continuer ses travaux si compliqués, si divers, sur la physique, l'histoire, la philologie, l'astronomie, la chimie, la chirurgie, les sciences appliquées à la médecine, à la pharmacie, à l'agriculture, aux arts, à l'industrie ?

Beaucoup de notes intéressantes me restent à rediger : une seconde jeunesse serait nécessaire, et ce qu'on appelle le nerf de la guerre. Il est plus facile d'écrire que de trouver un éditeur complaisant qui préfère avec raison, accepter des noms en vogue.

Mais... puis-je souhaiter de recommencer un

nouveau combat pour une existence toute matérielle de chiffres et d'argent, qui dans ces conditions enchaînait mon caractère indépendant et ne permettait pas de me livrer aux jouissances privilégiées des lettres et des sciences, cette volupté de l'intelligence, notre supériorité sur tous les êtres terrestres?

J'ai commencé ce livre en adoptant la sage maxime de J.-J. Rousseau : la résignation dans sa destinée : c'est une satisfaction qui vient à la dernière heure faire entendre cette parole consolante : *ton devoir est accompli.*

J'ai dit : les hypocrites habitués aux mensonges, me jetteront la calomnie..... Mes recherches et ma conduite ont toujours pour principe ces deux termes de la morale indépendante :

Vérité dans la science ;
Justice dans la morale.

ERRATA

Page 2, avant-dernière ligne, au lieu d'*Abanie*, lire *Albanie*.

Page 47, ligne 8, au lieu de *miracrobe*, lire *microbe*.

Pages 48 et 57, au lieu de *Sauvic*, lire *Sanvic*.

TABLE DES CHAPITRES

CHAPITRE PREMIER

CHAPITRE DEUXIÈME

CHAPITRE TROISIÈME

CHAPITRE QUATRIÈME

CHAPITRE CINQUIÈME

Paris. — Typ. N. Blanpain, 7, rue Jeanne.

OUVRAGES DE JULES TRÉ...

... titulaire de la Société archéologique d'...

J. BROUILLET, éditeur, rue du Pont de ...

...uline, poésies élégiaques. ...
Questions de Philosophie et d'Histoire. ...

J. SEPPRE, libraire, rue des Écoles, 40.

... 18...

POUR PARAÎTRE

ÉTUDES D'HISTOIRE

...ges Castriot, dernier roi d'Albanie et
héros de la Macédoine.

Paris. — Imp. N. Blanpain, ... rue ...

www.ingramcontent.com/pod-product-compliance
Lightning Source LLC
Chambersburg PA
CBHW061302030726
47595CB00001B/166